Uni-Taschenbücher 1969

Friedrich Pohlmann

Die europäische Industriegesellschaft

Voraussetzungen und Grundstrukturen

Leske + Budrich, Opladen

Gedruckt auf säure- und chlorfreiem, altersbeständigem Papier

ISBN 3-8100-1791-4 (Leske + Budrich)
ISBN 3-8252-1969-0 (UTB)

Einbandgestaltung: Alfred Krugmann, Stuttgart
Satz: Leske + Budrich
Druck: Presse-Druck Augsburg
Printed in Germany

UTB-Bestellnummer: ISBN 3-8252-1969-0

Inhaltsverzeichnis

Einleitung

Das vorliegende Buch vereinigt eine Reihe von Aufsätzen, die aus der von mir einige Jahre lang geleiteten Lehrveranstaltung „Die Sozialstruktur Deutschlands vom Frühkapitalismus bis zur Gegenwart" hervorgegangen sind. Diese – jeweils zweisemestrig angelegte – Vorlesung verfolgte zwei Hauptziele: Es sollte zunächst ein umfassender Einblick in Voraussetzungen und Auswirkungen der europäischen Industrialisierung – der zweiten großen „Zeitenschwelle" (Freyer 1965) in der Menschheitsgeschichte – gegeben werden, eine Analyse von soziokulturellen Grundbedingungen und Grundmustern der Transformation des agrar- in ein industriegesellschaftliches Strukturgefüge. In einem zweiten Schritt sollten dann die Umformungen industriegesellschaftlicher Strukturmuster untersucht werden, die in den letzten drei Jahrzehnten immer deutlicher sichtbar geworden sind, jene Weiterbildungen und Auflösungen des „Grundrisses" der Industriegesellschaft, die in der fachwissenschaftlichen Literatur viele Kontroversen und Etikettierungen („postindustrielle-„„ „postmoderne-" oder „Risikogesellschaft" etc.) inspiriert haben.

Die Arbeiten in diesem Buch betreffen ausschließlich die Thematik des ersten Teils der genannten Veranstaltung, sie behandeln nur den „großen Schritt" – die Durchsetzung der völlig neuartigen sozialstrukturellen Grundmuster der Industriegesellschaft –, nicht aber die vielen „kleinen Schritte" in der jüngsten Vergangenheit, Schritte, die zwar einschneidende Wandlungen der Lebenswirklichkeit bewirkten, die Grundlagen des gesellschaftlichen Seins aber keineswegs in ähnlich fundamentaler Weise veränderten, wie dies im Zeitalter der Industrialisierung geschah. Denn in den letzten Jahrzehnten ist kein gesellschaftlicher Systemtypus durch einen qualitativ völlig anderen ersetzt worden, sondern es hat sich „nur" entfaltet, was innerhalb des Systemrahmens der Industriegesellschaft als Potential angelegt war.

Ein zusätzliches Buch zur „zweiten technologischen Revolution" in der Menschheitsgeschichte und ihren sozialstrukturellen Korrelaten[1] ist begründungsbedürftig. In einer Skizze meiner Erkenntnisinteressen und methodischen Grundorientierungen sollen einige Unterschiede zwischen dieser Untersuchung und anderen Arbeiten zur Entfaltung der Industriegesellschaft angedeutet werden.

Zunächst sei darauf hingewiesen, daß dieses Buch nicht geschichts-, sondern sozialwissenschaftlicher Natur ist, es enthält Arbeiten zur „historischen Soziologie", die sich freilich von vielen dieser Fachrichtung durch ein „Mehr" an geschichtlicher Darstellung unterscheiden. „Historische Soziologie" – das meint mindestens zweierlei: zunächst ganz einfach, daß die Fragestellungen und Themen wesentlich aus dem Fundus an Fragestellungen der Soziologie und nicht der Geschichtswissenschaft stammen und zweitens, daß die Analyse des historischen Stoffs vor allem strukturtheoretisch angelegt ist und auf Typenbildung zielt. Unser Titel „Voraussetzungen und Grundstrukturen der Industriegesellschaft" deutet ja schon diese strukturtheoretische Ausrichtung an. Worin sie in dieser Arbeit besteht, soll im folgenden ausführlich erläutert werden.

Wenn man den Strukturbegriff (zum Strukturbegriff vgl. z.B. Bahrdt 1987, 107ff.) auf die Gesamtheit einer Gesellschaft oder eines Gesellschaftstyps bezieht, dann unterstellt man natürlich die Aufgliederbarkeit dieser Gesamtheit in funktional aufeinander bezogene Teilsysteme, deren standardisierte Beziehungsgefüge sich zu einer Gesamtstruktur zusammenfügen, die sich immer wieder reproduziert. Und man unterstellt auch – oder man sollte zumindest unterstellen –, daß strukturelle Grundmerkmale dieser Subsysteme und die Art und Weise ihres Zusammenhangs in besonderem Maße durch die Grundprinzipien und strukturellen Eigentümlichkeiten eines Teilbereichs, dem Dominantsystem im gesamten Strukturgefüge,

---

1 Die *erste* technologische Revolution beruhte auf der „Erfindung" der Technologie der Agrikultur im Neolithikum um 8000 vor Christi. Zu den Begriffen vgl. Popitz 1995, 13ff.

bestimmt sind. Im Begriff „der“ Industriegesellschaft – als einem „der“ Agrargesellschaft gegenübergestellten Typusbegriff – klingt eine derartige Sichtweise ja bereits an: Dem Begriff liegt auch die Prämisse zugrunde, daß in diesem Gesellschaftstyp den Erfordernissen und technisch-organisatorischen Konstruktionsmustern der industriellen Produktion eine Schlüsselrolle für die gesamtgesellschaftliche Grundstruktur – für die Funktionen und strukturellen Verzahnungen gesellschaftlicher Subsysteme – zukommt, daß ein im Produktionssystem entwickelter „Code“ für die Strukturen des „Ganzen“ prägend ist (vgl. Hradil 1992, 5).

Bis vor einiger Zeit wurde in den Sozialwissenschaften für das sich im 19. Jahrhundert im Zuge der Industrialisierung herausbildende Gesellschaftssystem noch häufig – und zwar nicht nur von Marxisten – der Begriff der „kapitalistischen“ Gesellschaft verwendet, dem auch – mit freilich anderer Akzentsetzung – die Vorstellung von einer gesellschaftsbestimmenden Bedeutung des Produktionssystems zugrunde liegt. Einige Hinweise sollen zunächst begründen, warum in diesem Buch der Begriff der „Industriegesellschaft“ demjenigen der „kapitalistischen Gesellschaft“ vorgezogen wird, und es soll zugleich skizziert werden, was wir unter „Kapitalismus“ verstehen, wenn wir den Begriff verwenden.

1. Natürlich ist die Aussage richtig, daß die Industrialisierung nur auf der Basis kapitalistischer Produktionsverhältnisse möglich war und die Ausdehnung derartiger Produktionsverhältnisse bewirkte. Es wäre aber schief, Kapitalismus und Industrialisierung gewissermaßen miteinander zu identifizieren. Denn durch kapitalistische Eigentumsverhältnisse bestimmte Produktionsanlagen gab es punktuell bereits lange vor der Industrialisierung, und wenn man den Kapitalismusbegriff nicht nur für bestimmte Eigentumsstrukturen im Produktionsbereich, sondern auch für gewisse Typen von Handelsbetrieben verwendet (wie es oft geschieht), dann wird der Begriff raum-zeitlich gänzlich unlokalisierbar.
2. Der Kapitalismusbegriff war seit seinem frühesten Gebrauch bis in die Gegenwart immer *auch* ein polemisch aufgeladener Begriff, und insbesondere in der kommunistischen Bewegung und in den kommunistischen Systemen

fungierte er als militanter politischer Kampfbegriff. Der französische Sozialist Louis Blanc gilt als der erste Autor, der den Begriff verwendet hat, aber verbreitet hat sich das Wort erst durch den außerordentlichen Einfluß, den Marx und der Marxismus im letzten Drittel des 19. Jahrhunderts in der sozialistischen Bewegung gewannen. Mit einer gewissen Zuspitzung läßt sich also der Kapitalismusbegriff als eine Erfindung des Marxismus bezeichnen. Bei Marx selbst hat der Begriff einerseits ein anspruchsvolles wissenschaftliches Profil, er ist aber zugleich Zentrum einer teleologischen Geschichts- und Revolutionsphilosophie, aus der die negativ wertenden Dimensionen des Begriffs entspringen. Diese vereinfachten und verfestigten sich in der sozialistischen Literatur in der Nachfolge von Marx, und sie gewannen dann im Leninismus und der sowjetischen Staatsideologie ihre schärfste Ausprägung: Kapitalismus und Sozialismus bezeichneten hier einen absolut unüberbrückbaren Gegensatz von Gut und Böse, und in eben dieser Fassung gingen die Begriffe auch in die Kampfparolen des Ostblocks während des „Kalten Krieges" ein. Bezeichnenderweise kam es in der Bundesrepublik auch erst in der Entspannungsära zu einer Renaissance des Kapitalismusbegriffs, wobei interessant ist, daß sogar in manchen anspruchsvollen Verwendungweisen des Begriffs – ich erinnere an Habermas' „Spätkapitalismus" – seine frühe Einbettung in eine teleologische Geschichtsphilosophie wieder auflebte.

3. Natürlich gab es in der sozialwissenschaftlichen Literatur schon früh Versuche, den Kapitalismusbegriff von seinen politisch-ideologischen Implikationen zu befreien. Hervorhebenswert sind hier besonders einige Werke deutscher Gelehrter, die um die Jahrhundertwende erschienen sind. Etwa Werner Sombarts monumentale Schrift „Der moderne Kapitalismus" und dann die Arbeiten Max Webers, von dem ja insbesondere die religionssoziologische Studie „Die protestantische Ethik und der Geist des Kapitalismus" einem breiteren Publikum bekannt geworden ist. Es ließe sich aber zeigen, daß bei beiden Autoren der Begriff derartig viele Bedeutungselemente umfaßt, daß er tendenziell konturlos wird. So kennt Weber mindestens zehn verschiedene Formen von „Kapitalismus" (vgl. z.B. WuG

95f., 230, 525f.), von denen er manche in der Antike, im Mittelalter und in Asien aufspürt. Zwar hebt er von diesen vielfältigen Kapitalismen einen „rationalen Kapitalismus" als ein Sonderphänomen der westeuropäischen Moderne ab, aber der Allgemeinbegriff „Kapitalismus" bleibt bei ihm doch höchst vage. Ähnliches gilt für Werner Sombart. Nicht zu Unrecht hob etwa Gustav Schmoller im Jahre 1903 in seiner Auseinandersetzung mit Werner Sombart hervor, daß die Verwendung des Begriffs „Kapitalismus" zwar durch den „allgemeinen Sprachgebrauch legitimiert worden sei", daß er aber „in allen Farben schillert, vieldeutig, unklar, deshalb bei der journalistischen Debatte beliebt (ist). Aus den Tagesblättern wird er nicht verschwinden. Ob er aber in der Wissenschaft die große Rolle spielen sollte, die ihm Sombart zuteilt, bin ich zweifelhaft" (Schmoller 1903, 297).

4. Wenn in den folgenden Arbeiten der Kapitalismusbegriff benutzt wird, dann geschieht das selbstverständlich ohne alle normativen Beiklänge. Inhaltlich ist an etwas recht einfaches, nämlich an einen spezifischen Typus von Marktwirtschaft gedacht. „Kapitalismus" soll ein Wirtschaftssystem heißen, das auf zwei Formen des Marktes beruht: Auf einem Warenmarkt und – und das ist entscheidend – auf einem Arbeitsmarkt, auf der *arbeitsmarktvermittelten* Integration der Arbeitskräfte in gewinnorientierte Produktionsprozesse. Nur wo ein Warenmarkt durch einen Arbeitsmarkt komplettiert ist, wollen wir – übrigens auch ganz im Sinne von Marx – von „Kapitalismus" sprechen. Die Einfachheit eines derartigen Grundbegriffs von „Kapitalismus" darf freilich nicht vergessen machen, wie voraussetzungsreich historisch die Durchsetzung der „zweidimensionalen" Marktwirtschaft war und wie komplex der institutionelle Rahmen ist, der ihre Existenz sichert. Historisch setzte die Entstehung von Arbeitsmärkten die Auflösung persönlicher Herrschafts- und Knechtschaftsverhältnisse voraus, die Durchsetzung gewisser individueller Freiheitsrechte (Vertragsfreiheit) und einer Grundform von Rechtsgleichheit; und das *Funktionieren* doppelter Marktwirtschaften hängt von komplizierten normativen Ordnungen ab, deren Einhaltung der Staat garantiert.

Unser Grundbegriff von Kapitalismus – die arbeitsmarktvermittelte, gewinnorientierte Produktion – setzt keinen bestimmten technischen Standard des Produktionsprozesses – etwa maschinenbestimmte Produktion – voraus. Kapitalismus ist sehr wohl auf vorindustriellem Produktionsniveau möglich, und es gab auch – wie später auszuführen sein wird – historisch bedeutsame vorindustrielle kapitalistische Produktionsstätten. Andererseits bestand natürlich historisch ein enger Zusammenhang zwischen Kapitalismus und Industrialisierung, denn es war erst die „Industrielle Revolution", die die Expansion freier Arbeitsmärkte erzeugte. Der Kapitalismus begann zwar nicht – wie manchmal unterstellt – mit der Industrialisierung, aber erst durch die Industrialisierung wurden kapitalistische Produktionsverhältnisse zu einem Grundelement des Wirtschaftssystems.

Angelpunkt unserer Arbeiten über die Voraussetzungen und Grundstrukturen der europäischen Industriegesellschaft, wie sie sich im 19. Jahrhundert entfaltete, sind die technischen Revolutionierung der Produktionsstruktur und nicht die kapitalistischen Eigentumsverhältnisse. In den Aufsätzen geht es im wesentlichen um zwei große Themen: um die Herausarbeitung grundlegender Strukturmerkmale des industriegesellschaftlichen Systemgefüges im Zeitalter seiner Entwicklung und um die Herausarbeitung von soziokulturellen Grundbedingungen, die die Entstehung der Industriegesellschaften in Europa ermöglichten.

Unsere Analysen zur Entstehung des „Grundrisses" der Industriegesellschaft beruhen auf der Prämisse, daß die Revolutionierungen des Produktionssystems durch die drei Fundamentaltechnologien der Industrialisierung – die Technologie der Maschine, die Technologie der Chemie und die Technologie der Elektrizität (vgl. Popitz 1995, 13ff.) – als Motor und Ursache für die Ausbildung des spezifisch industriegesellschaftlichen Systemgefüges begriffen werden sollten. Wir analysieren diese produktionstechnischen Umgestaltungen samt ihren arbeitsorganisatorischen Konsequenzen in zwei längeren Kapiteln über die Industrialisierung in England und Deutschland. Dabei werden die Prinzipien erläutert, die die funktionale Differenzierung der Subsysteme der Industriegesellschaft und ihre gegenseitige Verflechtung maßgeblich bestimmten. An vier Zentralbereichen sozialstruktureller Entwicklung – der Bevölkerungs-, Familien-, Stadt- und Schichtentwicklung – wird dann in anderern Aufsätzen gezeigt, in welch fundamentaler Weise die Techniken und Prinzipien der industriellen Produktion die gesamtgesellschaftliche Struktur umformten. Wir gehen dabei besonders ausführlich auf die Bevölkerungs- und Familienentwicklung ein. Bei der Analyse der Bevölkerungsentwicklung orientieren wir uns natürlich an der „Theorie" des demographischen Übergangs, aber wir konkretisieren dieses Modell auch in bezug auf die deutsche Entwicklung, und wir fragen in einem „Ausblick" auf die Gegenwart – auf die Bevölkerungsexplosion in der Dritten Welt –, ob man auch heutzutage noch von den Prämissen dieser Theorie ausgehen kann.

In den familiensoziologischen Aufsätzen wird beschrieben, wie sich das Modell der „bürgerlichen Kernfamilie", dessen Leitbildcharakter gegenwärtig immer brüchiger wird, im Zuge der Industrialisierung gesamtgesellschaftlich verbreitete. Dieses Modell – so wird dargelegt – beruht auf Strukturprinzipien, die denjenigen des industriellen Systems vollkommen entgegengesetzt sind, aber gerade dadurch die industriegesellschaftliche Gesamtstruktur stabilisieren helfen.

Ausführungen über die neuartigen, spezifisch modernen Stadtstrukturen, die in der Industrialisierung entstanden, finden sich in den Kapiteln über die Phasen der industriellen Entwicklung in Deutschland und England. Das letzte Kapitel versucht dann, anhand der Werke soziologischer „Klassiker" (L. v. Stein, Marx, Max Weber) Grundmerkmale des neuen Schichtsystems der Industriegesellschaft herauszuarbeiten.

Während diese Aufsätze in ihrer Gesamtheit die Analyse der Herausbildung des „Grundrisses" der Industriegesellschaft bezwecken, geht es in den Aufsätzen des ersten Teils um die Reflexion von Grundbedingungen für die Entstehung dieses Systems, eines Systems, das in einer vergleichsweise winzigen Zeiteinheit die Physiognomie der Erde und die Lebensbedingungen des Menschen vollkommen umgewälzt hat. Ich unterscheide dabei vier Grundbedingungen, von denen jede ausschließlich europäischen Ursprungs ist: eine Religion, die Impulse für „rationale" Weltveränderung und Prämien für innerweltliche Berufsarbeit enthielt; eine „rationale" Konstruktion staatlicher Herrschaft, die die Bildung eines für Industriegesellschaften unabdingbaren institutionellen Rahmens förderte; vorindustrielle Produktionsformen, die „industrielle" Arbeits-

und Disziplinierungsmuster quasi antizipierten; und eine mathematisierte Naturwissenschaft, die auf einem rationalen Kausalitätsbegriff beruht und das systematische Experimentieren zur Grundlage rationaler Welterkenntnisse erhob und dadurch die Entwicklung der Fundamentaltechnologien der Industrialisierung allererst ermöglichte.

Die Grundgedanken dieses Teils sind selbstverständlich an Max Webers Theorie der „okzidentalen Rationalisierung" orientiert, und das erste Kapitel über die Besonderheiten der christlichen Religion ist fast ausschließlich Weber-Interpretation. Aber in den anderen Kapiteln bildet Webers Konzeption eigentlich nur einen inspirierenden Hintergrund, die Ausführungen selbst fußen auf anderen Quellen und intellektuellen Bezügen, und es wird auch nirgends versucht, in einer Weber-analogen Weise die Gedanken über die okzidentalen Voraussetzungen der Industriegesellschaft in einer systematischen Theorie miteinander zu verknüpfen.

Manchen Passagen in diesem Buch merkt man sicher ihre Herkunft aus einer Lehrveranstaltung an – die Schematik und Vereinfachung des Lehrbuchtextes ist oftmals bewußt intendiert. Ich denke aber, daß sich das Buch – nimmt man es als ganzes – von gängigen soziologischen Lehrbüchern zu diesem Thema durch sein größeres Themenspektrum, seine „interdisziplinäre" Anlage und seinen stärkeren Bezug auf sozialwissenschaftliche „Klassiker" auch unterscheidet, und daß es deshalb vielleicht sogar dem „Kundigen" einige anregende Überlegungen bieten kann.

Teil I:
Voraussetzungen der europäischen Industriegesellschaft

I. Christentum, ‚okzidentale Rationalisierung‘ und Kapitalismus – Max Webers religionssoziologische Thesen über den europäischen Sonderweg

1. „Okzidentale Rationalisierung“ als Grundproblem Max Webers

Max Weber hat in seinen Schriften häufig den modernen Industriekapitalismus von vielfältigen Formen vormodernen kapitalistischen Wirtschaftshandelns abgegrenzt. Der moderne Kapitalismus – so Weber – sei durch spezifische Rationalitätsprinzipien bestimmt, die in vormodernen Kapitalismen weitgehend fehlten und sich nur auf der Basis von soziokulturellen Bedingungen der okzidentalen Moderne entwickeln konnten. „Moderner okzidentaler Rationalismus“ ist der Zentralbegriff in Webers Werk, und die sich durch alle seine Teile durchziehende Grundfragestellung gilt den Entstehungsbedingungen dieses Rationalitätstypus. Natürlich erschließt sich deren Erkenntnis nur durch komparative Analysen, durch Vergleiche von Strukturen der okzidentalen Gesellschaftsentwicklung mit solchen in außereuropäischen Kulturkreisen, und Webers Gesamtwerk ist ein monumentaler Versuch, auf der Basis umfassender Vergleiche von Herrschafts-, Rechts-, Wirtschafts- und Religionssystemen die Besonderheiten des europäischen Weges – der „okzidentalen Rationalisierung“ – herauszuarbeiten. Immer zielt das Hauptinteresse auf die Bestimmung von Faktoren, die die Ausbildung moderner Rationalitätsmuster hemmten oder förderten, und da diese Rationalitätsmuster – wie Weber aufzeigt – eine ihrer bedeutsamsten Ausprägungen im Industriekapitalismus gefunden haben, enthält Webers Werk auch Antworten auf die Frage nach Grundbedingungen für die Entstehung des Industriekapitalismus in Europa.

In vielen Büchern über die Entstehung des Industriekapitalismus reduziert sich der Beitrag Max Webers zu diesem Problem auf seine sogenannte „Protestantismus-These“, die dann manchmal als „idealistischer Ansatz“ dem „materialistischen“ Erklärungsversuch von Karl Marx gegenübergestellt wird. Daß derartige Interpretationen die Intentionen und den Gehalt von Webers Werk stark verkürzen, haben bereits unsere einführenden Bemerkungen verdeutlicht, und wir wollen präzisierend hinzufügen, daß es sich dabei um eine mindestens dreifache Verkürzung handelt: Wie schon gesagt, gilt Webers Interesse in allen seinen Schriften – auch in der Protestantismus-Studie – der Erklärung des dem modernen Kapitalismus übergeordneten „okzidentalen Rationalismus“; zweitens sind die Aussagen in seiner sogenannten „Weber-These“ eingebettet in den Gesamtzusammenhang seiner Religionssoziologie und nur in ihrem Kontext angemessen zu gewichten, und drittens ist – wie ebenfalls bereits skizziert – seine Religionssoziologie nur ein, wenn auch bedeutendes Teilstück einer Konzeption, in der politische und ökonomische Strukturmuster neben den „geistig-religiösen“ einen gewichtigen Stellenwert im Erklärungsversuch einnehmen.

Mir erschien diese kurze Skizze von Webers Erkenntnisinteressen notwendig, um zu verhindern, daß auch die folgenden Ausführungen, in denen einige Grundthesen aus Webers Religionssoziologie über Entstehungsbedingungen des modernen Kapitalismus behandelt werden, mißverstanden werden. Zwar werde ich nicht nur Webers Thesen über die Beziehungen zwischen dem asketischen Protestantismus und dem „Geist des Kapitalismus“ referieren, sondern ich will zumindest auch andeuten, daß man diese Thesen in den Kontext seiner vergleichenden Analyse der Weltreligionen einbetten muß; aber ich kann hier nicht auf Webers „materialistische“ Analysen der „okzidentalen Rationalisierung“ eingehen – der „Idealismus“ der folgenden Darstellung ist Produkt einer selektiven Werkbehandlung und nicht Charakteristikum der dieses Werk bestimmenden Prämissen und Methoden.

2. Wesensunterschiede zwischen asiatischen Hochreligionen und Christentum

Webers Erkenntnisinteresse in seiner komparativen Religionssoziologie zielt ganz wesentlich auf die Bestimmung des Stellenwertes, den die Postulate methodischer Arbeit und traditionsüberwindenden, innovativen Gesellschaftshandelns in den Heils- und Erlösungsvorstellungen der Weltreligionen einnehmen. Daß dieses Erkenntnisinteresse nicht ohne Bezug zur Frage nach den Entstehungsvoraussetzungen des modernen Kapitalismus ist, leuchtet unmittelbar ein; denn es ist kaum vorstellbar, daß Gesellschaften, deren Wertsysteme methodische Arbeit und traditionsüberwindendes Handeln negativ bewerten, kraft interner Entwicklungsprozesse zur Etablierung modern-kapitalistischer Wirtschaftsstrukturen fähig sind.

Im gerade skizzierten Erkenntnisinteresse Webers steckt bereits ein Hinweis auf die spezifisch soziologische Komponente seiner Religionsuntersuchungen: ihm geht es primär um die komparative Analyse der alltagspraktischen Wirkungen religiöser Systeme und weniger um „reine" Sinndeutungen ihres inneren, ideellen Gehalts; um die Unterstreichung derjenigen „Züge im Gesamtbilde einer Religion (...), welche für die Gestaltung der praktischen Lebensführung in ihren Unterschieden gegen andere Religionen die entscheidenden waren" (Weber, GAzRS I, 267). Weber wollte vor allem in „religionswissenschaftlich und historisch bekannte Zusammenhänge eine empirisch-soziologische Argumentationsebene (einbeziehen)" (Seyfarth 1973, 350), wobei er methodisch mit typologischen Konstrukten arbeitet, die „(...) „unhistorisch" in dem Sinne (sind), daß die Ethik der einzelnen Religionen systematisch wesentlich einfacher dargestellt wird, als sie es im Fluß der Entwicklung jemals war (...). Diese Vereinfachung würde historisch „falsches" dann ergeben, wenn sie willkürlich vorgenommen würde. Das aber ist, wenigstens der Absicht nach, nicht der Fall" (Weber, GAzRS I, 267).

Eine der allgemeinsten Thesen Webers über die Unterschiede zwischen dem Christentum und den asiatischen Hochreligionen enthält die seinerzeit weitverbreitete Ansicht, daß die asiatischen Religionen eine weit traditionalistischere Gestaltung des Alltagshandelns begünstigt hätten als die christliche, welche für die „religiösen Virtuosen“ – die Mönche – sogar Impulse für die Ausbildung eines asketischen Arbeitsethos enthielt. Die „religiösen Virtuosen“ der asiatischen Religionen seien dagegen immer zur Entwicklung mystisch-kontemplativer Heilspraktiken motiviert worden.

Weber zeigt auf, daß in den asiatischen Religionen zwei Grundmerkmale der jüdisch-christlichen Religionsstruktur fehlten, was ganz divergente Erlösungsvorstellungen und alltagspraktische Auswirkungen zur Folge gehabt habe: die Idee des transzendenten Gottes, als dessen „Werkzeuge“ sich zumindest die „religiösen Virtuosen“ (Propheten, Mönche) begriffen; und die Auffassung der Welt als eines „Werks“, das sich entwickle und verändere – in den asiatischen Religionen wurde dagegen die Welt als etwas für alle Ewigkeit schlechthin Gegebenes, das keiner Veränderung unterliege, begriffen (vgl. Weber, WuG, 335). Weber ist der Ansicht, daß die entgegengesetzte Richtung der Erlösungsvorstellungen und -praktiken in den asiatischen Religionen und im Christentum letztlich eine Folge dieser beiden Grundunterschiede gewesen sei. Und es läßt sich sogar die These vertreten, daß Webers Hauptintention in seinen komparativen Untersuchungen der Weltreligionen darauf zielt, diesen Grundgedanken zu konkretisieren. Einige Hinweise, zunächst zu Webers Asien-Studien, mögen dies illustrieren.

Weber schreibt, daß der alte Buddhismus die am stärksten kontemplativ geprägten Erlösungspraktiken geschaffen habe. Das Erlösungsziel wurde hier als individuelles Ausscheiden aus dem ewigen Kreislauf der Wiedergeburten gedacht, und dies führte bei den „religiösen Virtuosen“ zu Heilsmethodiken radikal kontemplativer Art, zu Praktiken, die – alle Alltagsinteressen negierend – einen Zustand absoluter, gedankenleerer Ruhe herbeiführen sollten, in dem sich die Vereinigung mit dem Göttlichen und das Heraustreten aus dem Kreislauf der Wiedergeburten vollzieht (vgl. Weber, WuG, 330ff.). Weber nennt diese nur „religiösen Virtuosen“ zugängliche Radikalform kontemplativer Heilsmethodik „weltflüchtige“ Askese, und er zeigt auf, daß zwischen ihr und dem innerweltlichen Laienhandeln eine unüberbrückbare Kluft bestand.

Am *Hinduismus* demonstriert Weber eine Verzahnung von religiösen Ideen und Sozialstruktur, die eine interne Veränderung der diesseitigen Ordnung ausschließt. Im indischen Kastensystem determinierte der Geburtsstatus die unauflösliche Zugehörigkeit des einzelnen zu einer bestimmten Kaste, und die hinduistische Lehre von der Seelenwanderung sowie der Vergeltung aller Verfehlungen der jetzigen Existenz in der nächsten bewirkte eine Zementierung der Kastenstruktur. Religiöse Prämien, die die sozialen Chancen in der nächsten Existenz verbesserten, waren im Hinduismus nicht an das Alltagshandeln im ökonomischen Bereich geknüpft – wer hier vom traditionell Vorgegebenen abwich, verschlechterte sogar seine Möglichkeiten –, sondern allein an die genaue Befolgung der jeweiligen Kastenrituale. Und da die Angehörigen der unteren Kasten durch die Seelenwanderung am meisten Gewinn zu erwarten hatten, waren sie besonders stark zum Akzeptieren des sozialstrukturellen Gefüges bereit. Weber schreibt: „In einer spezifischen Weise steht dem Kapitalismus die Kaste in Indien gegenüber. Jede neue Technik, die der Inder anwendet, bedeutet für ihn zunächst, daß er seine Kaste verliert und in eine neue, und zwar zunächst niedrigere, einrückt. Da er an die Seelenwanderung glaubt, bedeutet das für ihn zunächst, daß er mit seinen Läuterungschancen bis zur nächsten Geburt zurückgeworfen werden soll (...). Dazu kommt, daß jede Kaste die andere verunreinigt (...). Aus einer magisch derart gebundenen Wirtschaftsgruppe vermochte der Kapitalismus nicht hervorzugehen“ (Weber, WG, 308).

Weber illustriert seine Grundthese, daß alle asiatischen Religionen „Weltanpassung“, die Verfestigung der traditionell vorgegebenen sozialen Ordnung bewirkt hätten, auch am *Konfuzianismus*. Auch hierzu einige Hinweise.

Für Weber war der Konfuzianismus eher eine Standesethik – die Standesethik des chinesischen Patrimonialbeamtentums – als eine Religion, weil er durch „absolutes Fehlen jeglichen Erlösungsbedürfnisses und (...) aller über das Diesseits hinausgreifenden Verankerung“ (Weber, WuG, 290) charakterisiert sei. Der Konfuzianismus war – so Weber – eine „ästhetisch vornehme Kunstlehre eines bürokratischen Standes-Konventionalismus (...)“ (Weber, WuG, 290), ein „ungeheurer Kodex von politischen Maximen und Anstandsregeln für gebildete Weltmänner“ (Weber, GAzRS I, 441), dessen Ziel die Erziehung zur vornehmen Anpassung an die Ordnungen und Konventionen der Welt war. Auf dem konfuzianischen Vornehmheitsideal beruhte das hochentwickelte chinesische Ausbildungssystem für die Patrimonialbürokratie, das ausschließlich philosophisches und literarisches Wissen vermittelte, während sich die Grundmaxime der „Weltanpassung" in der Einhaltung der Pietätspflichten gegenüber den Repräsentanten der Tradition – dem Kaiser und den Eltern – kristallisierte. Wirtschaftliche Erwerbstätigkeit wurde im Konfuzianismus nicht hoch geschätzt, da sie als unvereinbar mit seinem Grundideal – der Erlangung von persönlicher und sozialer Harmonie – begriffen wurde. Weber ist der Ansicht, daß die konfuzianische Ethik der „Weltanpassung", des innerweltlichen Pragmatismus innerhalb der Grenzen der Tradition, eine der Hauptgründe für die jahrhundertelange Stagnation der chinesischen Gesellschaft war.

3. Zur christlichen Gottes- und Weltvorstellung

Webers Hauptthese ist, wie gesagt, daß die christlichen Lehren – und unter ihnen besonders der Protestantismus – im Gegensatz zu den asiatischen Hochreligionen über ein Potential zur positiven Bewertung von „Arbeit" und gesellschaftlicher Innovation verfügt hätten, und eine der Grundvoraussetzungen hierfür sei die christliche Gottesvorstellung gewesen. Dazu zunächst einige Anmerkungen. In der christlichen Idee des transzendenten Gottes ist eine weitgehende Entsakralisierung der weltlichen Sphäre eingeschlossen: Zwar ist die Welt Werk und Schöpfung Gottes, und er kann über sie verfügen, aber Gott selbst steht außerhalb der Welt, und insofern hat die Welt keinen Anteil am Göttlichen. Der Mensch ist nicht eingebunden in ein göttlich durchwirktes Weltganzes, das für ihn anzutasten Frevel wäre, sondern die Welt kann als Objekt zur Verwirklichung selbstgesetzter Zwecke erscheinen. Die Idee des überweltlichen Gottes habe – so Weber – im Vergleich zu außerokzidentalen Religionen eine starke Zurückdrängung magischen Denkens bewirkt:

„Abgesehen vom Juden- und Christentum und zwei oder drei orientalischen Sekten, gibt es keine Religion mit dem ausgesprochenen Charakter der Magiefeindschaft: indem dann das Judentum das Christentum ermöglicht und ihm den Charakter einer im wesentlichen magiefremden Religion mit auf den Weg gegeben hat, vollbrachte es gleichzeitig eine große wirtschaftsgeschichtliche Leistung. Denn die Herrschaft der Magie außerhalb des Geltungsbereiches des Christentums ist eine der schwersten Hemmungen für die Rationalisierung des Wirtschaftshandelns gewesen. Magie bedeutet Stereotypisierung der Technik und Ökonomik. Als man in China mit dem Bau von Eisenbahnen und Fabriken beginnen wollte, kam man mit der Geomantik in Konflikt. Sie verlangte, daß bei der Anlage auf bestimmte Berge, Wälder, Flüsse etc. Rücksicht genommen werden müsse, weil sonst die Geister in ihrer Ruhe gestört würden. Nicht anders stehen dem Kapitalismus die Kasten in Indien gegenüber. Jede neue Technik, die der Inder anwendet, bedeutet für ihn zunächst, daß er seine Kaste verliert und in eine neue, und zwar zunächst niedrigere einrückt" (Weber, WG, 307f.).

Die christliche Entsakralisierung von „Welt" war eine Grundvoraussetzung für die Entstehung eines spezifisch abendländischen Pathos rationaler Weltveränderung (vgl. Gehlen 1986, 98f.), aber es gab noch ein weiteres Element in der Gottesvorstellung des Christentums, das als Impuls für dessen Ausbildung wirkte: den Gedanken nämlich, daß Gott den Menschen die Welt anvertraut habe, um ihre Zwecke in ihr durchzusetzen (vgl. Amery 1974, 15ff.). Der in der Genesis fixierte Auftrag „Machet euch die Erde untertan" wurde zu einem Zentralmerkmal okzidentaler Naturwissenschaft; der vielzitierte Satz Francis Bacons vom „Maître et Possesseure de la Nature" bezeichnet weniger eine Abkehr vom christlichen Gottes- und Weltbild als eher dessen Folge, aber er begründete bereits viel früher Praktiken rationaler Weltveränderung gerade in den innersten Zentren des institutionalisierten Christentums: in der mittelalterlichen klösterlichen Gemeinschaft nämlich, die Max Weber als Urtypus einer spezifisch okzidentalen „rational-methodischen Lebensführung" begreift. Ein kurzer, an Bemerkungen Webers anknüpfender Exkurs soll diesen Gedanken veranschaulichen.

Exkurs: Das abendländische Kloster als Urinstitution rationaler Weltveränderung

Alle Weltreligionen haben ihren „religösen Virtuosen" rigorose Anleitungen für eine methodische Lebensgestaltung, für eine hochgradige Selbstkontrolle und -disziplinierung im Hinblick auf ihre „Heilsziele" vermittelt, aber nur im Christentum wurden Askesetechniken entwickelt, die ein sakralisiertes Arbeitsethos einschließen. Im Benediktiner- und dann im Zisterzienserkloster wurden Grundsteine für eine spezifisch moderne Arbeitsdisziplin gelegt, und auch für die Erfindung umfassenderer Disziplinierungstechniken, die in der Neuzeit in recht unterschiedlichen Institutionen mit keineswegs religiöser Zwecksetzung nutzbar gemacht wurden, spielte das mittelalterliche Kloster eine Schlüsselrolle (zum folgenden Mumford 1977, 301ff.; Treiber/ Steinert 1980, 53ff.; Frank 1975, 1ff.).

Es war die Grundfunktion des Klosters, für prinzipiell jeden „Willigen" durch systematisches Üben eine besondere Nähe zu Gott erfahrbar zu machen – genetisch lassen sich die ersten abendländischen Klostergründungen durch Pachomius (vgl. Treiber/Steinert 1980, 54) mit Hilfe des Weberschen Theorems der „Veralltäglichung von Charisma" begreifen: Das zuvor nur charismatisch qualifizierten Einsiedlern (Anachoreten) zugängliche Erlebnis beständiger intensiver Gotteserfülltheit sollte durch erlern- und übertragbare, also veralltäglichte Regeln methodischer Lebensführung zur Wirklichkeitserfahrung jedes Mitglieds einer Institution werden. Das Kloster war der Urtypus von vielen „totalen" Institutionen (Goffman) in Europa mit völlig anderen Zwecksetzungen (z.B. neuzeitliches Gefängnis, kaserniertes Heer), und es nötigte – wie diese – die neuen Mitglieder durch diverse Praktiken (Uniformierung, Tonsur, neuer Name etc.) zu einer völligen Aufgabe ihrer bisherigen sozialen Identität. Als einem „Nichts" sollten dem Neuankömmling die Regeln einer wahrhaft gottgefälligen Lebensführung eingeprägt werden, deren Einhaltung ein differenziertes System wechselseitiger Kontrollen und die hierarchische Struktur dieser Institution zu sichern hatte. Der große Erfolg des Klosters bei der Begründung eines neuen Menschentyps war natürlich keineswegs nur Produkt seiner differenzierten Sanktionsregelungen (brüderliche Zurechtweisung, Proklamation, Selbstanklage, Ausschluß etc.), sondern er beruhte ganz wesentlich auf dem Glauben der Insassen an die Legitimität der Klosterordnung und auf ihrer Gottesvorstellung: Erst die Annahme des Gläubigen, daß Gottes Auge „alles" – also auch jede Übertretung gottgefälliger Normen – sehe, die Annahme einer perfekten Fremdkontrolle also, konnte eine „totale" Selbstkontrolle eigenen Handelns und Denkens bewirken.

Was waren nun die „Grundpfeiler“, auf denen die klösterlich geforderte Lebensführung ruhte?

Zunächst sei hingewiesen auf die exakte Zeitstruktur der Klostergemeinschaft, die eine ganz neuartige Zeitdisziplin der Insassen konstituierte. Formierend für das klösterliche Zeitsystem waren zweifellos das gemeinsame Gebet und die gemeinsame Mahlzeit, deren sakrale Bedeutung sich in einer genau festgelegten Form ausdrückte. Beides, das gemeinsame Mahl und das gemeinsame Beten fixierten die zeitliche Grundstruktur des Tages im Kloster, die „Brückenköpfe“, von denen aus das Netz der zeitlichen Feinstruktur gespannt wurde. Dieses Netz aber wurde ganz wesentlich durch eine hochgradige Arbeitsmethodik konstituiert, durch ein Arbeiten, dessen Inhalte, Formen und Zeitmuster weitgehend normiert waren. Das Kloster war die erste abendländische Institution, die eine Moralisierung der Arbeit und der Arbeitsdisziplin begründete, und es war diese auf Arbeit bezogene Ausrichtung der Lebensführung, die im frühen Mittelalter den Reichtum der Benediktiner- und Zisterzienserklöster und ihre Vorbildfunktion auf den Gebieten der Arbeitsorganisation und Technik (Mumford 1977, 301ff.) begründete. Der Mönch war „der erste in jener Epoche rational-methodisch lebende Mensch. Nur für ihn gab es Glokkenschlag, nur ihm sind die Tagesstunden eingeteilt zum Gebet. Die Wirtschaft der klösterlichen Gemeinschaft war die rationale Wirtschaft“ (Weber, WG, 311).

Wir haben gerade angedeutet, daß die im christlichen Glauben enthaltenen Wurzeln für ein auf Veränderung der Umwelt zielendes Arbeitsethos zuerst im mittelalterlichen Kloster wirksam wurden. Freilich blieb im Katholizismus die Idee einer durch rastlose Arbeit strukturierten methodischen Lebensführung auf den Stand der Mönche als „religöser Virtuosen“ beschränkt. Unter den Faktoren, die die Ausbreitung einer derartigen Lebensführung auf den „Alltagsmenschen“ behinderten, hält Weber das katholische Beichtsystem für folgenreich. Er schreibt: „Der normale mittelalterliche katholische Laie lebte in ethischer Hinsicht gewissermaßen ‚von der Hand in den Mund‘. Er erfüllte zunächst gewissenhaft die traditionellen Pflichten. Seine darüber hinausgehenden ‚guten Werke‘ aber blieben normalerweise eine nicht notwendig zusammenhängende, zum wenigsten eine nicht notwendigerweise zu einem Lebenssystem rationalisierte Reihe einzelner Handlungen (...). Die ‚Entzauberung' der Welt: die Ausschaltung der Magie als Heilsmittel, war in der katholischen Frömmigkeit nicht zu den Konsequenzen durchgeführt wie in der puritanischen (und vor ihr nur in der jüdischen) Religiösität. Dem Katholiken stand die Sakramentsgnade seiner Kirche als Ausgleichsmittel eigener Unzulänglichkeit zur Verfügung: der Priester war ein Magier, der das Wunder der Wandlung vollbrachte und in dessen Hand die Schlüsselgewalt gelegt war. Man konnte sich in Reue und Bußfertigkeit an ihn wenden, er spendete Sühne, Gnadenhoffnung, Gewißheit der Vergebung und gewährte damit die Entlastung von jener ungeheuren Spannung, in welcher zu leben das unentrinnbare und nicht zu lindernde Schicksal des Calvinisten war" (Weber, PE, 132f.).

4. Protestantismus und „Geist des Kapitalismus"

4.1 Webers Argumentationsstruktur

Die bisher skizzierten Gedanken sollten als „Hintergrund" von Webers „Protestantismus-These" begriffen werden. Diese versucht keineswegs eine „Ableitung" des Kapitalismus aus bestimmten Formen des Protestantismus[1], sondern nur den Aufweis, daß letztere eine für kapitalistisches Wirtschaften konstitutive Arbeitsethik mitbewirkten – sie schufen Antriebe und soziale Kontrollmechanismen, die gewissermaßen die Rationalität klösterlicher Lebensmethodik zu einem Imperativ für alle Angehörigen ihres Glaubens erhoben. Ein kurzer Überblick über die sich in vier Schritten entfaltende Argumentationsstruktur seiner „Protestantismus-These" erleichtert das Verständnis von Webers Erkenntnisintention:

1 „(Es) soll ganz und gar nicht eine so töricht-doktrinäre These verfochten werden wie: daß der ‚kapitalistische Geist' (...) nur als Ausfluß bestimmter Einflüsse der Reformation habe entstehen können, oder wohl gar: daß der Kapitalismus ein Erzeugnis der Reformation sei". Es gehe lediglich um die Prüfung, „ob und inwieweit religiöse Einflüsse bei der der qualitativen Prägung und quantitativen Expansion jenes ‚Geistes' über die Welt hin mitbeteiligt gewesen sind ..." (PE 77).

1. Den Aufhänger der Untersuchung bilden statistisch-empirische Untersuchungen über Beziehungen zwischen protestantischer Glaubenszugehörigkeit und Berufsstatus. Diese demonstrieren, daß seinerzeit die Unternehmerschaft im Deutschen Reich und auch das Personal für höhere technische und kaufmännische Berufe sich vorwiegend aus Protestanten zusammensetzt. Auch in den Ausbildungsstätten für technische, gewerbliche und kaufmännische Berufe findet man eine deutliche Unterrepräsentation der Katholiken gegenüber den Protestanten. Keineswegs, so Weber, sei diese statistisch signifikante Affinität zwischen „kapitalistischen" Berufen und Protestantismus eine deutsche Spezialität, sie findet sich auch in anderen Ländern, und zwar unabhängig davon, ob die Protestanten Bevölkerungsminorität oder -majorität sind.
2. Webers zweiter Schritt fixiert das Untersuchungsobjekt, das er „Geist des Kapitalismus" nennt. Damit sind typische Merkmale frühkapitalistischer Arbeits-, Zeit- und Lebensauffassung gemeint, die zu einem Konstrukt zusammengefaßt werden. Illustriert wird dieses Konstrukt anhand repräsentativer Zeugnisse aus der frühkapitalistischen Ära, insbesondere anhand eines Dokuments von Benjamin Franklin, das für Weber Grundelemente dieser Mentalität gewissermaßen „idealtypisch" zusammenfaßt. Daraus einige Kostproben. „Bedenke, daß Zeit Geld ist (...) Bedenke, daß Kredit Geld ist (...) Bedenke, daß Geld von einer zeugungskräftigen und fruchtbaren Natur ist (...) Bedenke, daß – nach dem Sprichwort – ein guter Zahler der Herr von jedermanns Beutel ist (...) Neben Fleiß und Mäßigkeit trägt nichts so sehr dazu bei, einen jungen Mann in der Welt vorwärts zu bringen, als Pünktlichkeit und Gerechtigkeit bei allen seine Geschäften..." (Weber, PE, 40f.).
   Was Weber anhand dieser und ähnlicher Lebensmaximen zu veranschaulichen sucht, ist eine Mentalität, die mit Religion unmittelbar nichts zu tun hat. Es sei eher eine „Philosophie des Geizes", die drei Grundcharakteristika aufweist: In ihr sind erstens alle moralischen Direktiven unmittelbar ins Utilitarische gewendet, sie entfaltet zweitens einen ganz neuen Gedanken der Berufspflicht – die Verpflichtung jedes einzelnen zur unermüdlichen Tätigkeit in seinem Beruf, gleichviel welchen Inhalts diese ist; und

sie läßt drittens den Erwerb von Geld als Selbstzweck – als „Akkumulation um der Akkumulation willen“ (Marx) – und keineswegs nur als Mittel zur materiellen Bedürfnisbefriedigung erscheinen: „Der Erwerb von Geld und immer mehr Geld, unter strengster Vermeidung alles unbefangenen Genießens, so gänzlich aller eudämonistischen oder gar hedonistischen Gesichtspunkten entkleidet, so rein als Selbstzweck gedacht, daß es als etwas gegenüber dem ‚Glück‘ oder den ‚Nutzen‘ des einzelnen Individuums jedenfalls gänzlich transzendentes und schlechthin irrationales erscheint“ (Weber, PE, 44). Weber hebt hervor, daß eine derartige Mentalität historisch neuartig war, daß sie erst im modernen Kapitalismus zur dominanten Maxime der Lebensführung wurde. Sie steht im völligen Gegensatz zum „Traditionalismus“ des Bauern oder Handwerkers der vormodernen Welt – hier wurde als „natürlich“ ein zur Deckung eines traditionell limitierten Bedürfnisstandards notwendiges Arbeitsquantum begriffen –, und sie steht auch im Gegensatz zu den bisher verbreiteten Formen kapitalistischen Erwerbs – der Gewinnmaximierung zum Zwecke möglichst luxuriösen Konsums.

3. Im dritten Schritt entschlüsselt Weber typische Elemente protestantischer Ethiken und erkennt in ihnen sinnhafte Ähnlichkeiten mit dem „Geist des Kapitalismus“, – „Wahlverwandtschaften“ hinsichtlich der von beiden postulierten Verhaltensmaximen –, die freilich im einen Fall ganz auf religöse Zwecke bezogen sind, während sie im anderen Fall Selbstzweckcharakter haben. Weber versucht nun aufzuzeigen, daß diese Sinnähnlichkeiten Ergebnis eines historisch-genetischen Zusammenhangs sind: Die protestantischen Ethiken hätten den „Geist des Kapitalismus“ mitbedingt, eine religös bestimmte Lebensführung habe, in einer merkwürdigen „Paradoxie der Folgen“, sich mehr und mehr ihrer ursprünglichen Zwecke entledigt und sich zu einem kapitalistischen Arbeitsethos umgeformt.
4. Erwähnenswert ist noch der folgende Aspekt von Webers Soziologie des Protestantismus: seine Analyse von protestantischen Sektenorganisationen. Diese bildet zwar keinen integralen Bestandteil seiner Hauptthese, sollte aber als wichtige Ergänzung derselben betrachtet werden. Hier geht es ihm um den Aufweis, daß die von den protestantischen

Ethiken postulierte „Lebensführung" im institutionellen Zusammenhang von Sektenorganisationen mit ihrem Kontroll- und Sanktionspotential die besten Ausbildungschancen hatten. Dieser Aspekt – Webers Reflexion organisatorischer Abstützungen des neuen protestantischen Wertsystems – wird in der folgenden Skizze nicht mitangesprochen.

4.2 Religion und bürgerlich-asketische Wirtschaftsethik

Weber begreift die Calvin'sche Prädestinationslehre als den gemeinsamen theologischen Boden derjenigen Formen des Protestantismus, die an der Ausbildung einer bürgerlich-asketischen Wirtschaftsethik beteiligt waren. Daß er damit implizit die Auffassung vertritt, daß bedeutsame Strukturmuster der Moderne gerade nicht „als Auflehnung gegen die Theologie, sondern in gewissem Sinn im Einklang mit ihr entstanden (sind)" (Dux 1973, 324), sei hier nur angemerkt, wobei freilich – um dies noch einmal zu unterstreichen – die Beziehung zwischen Theologie und Kapitalismus keineswegs im Sinne einer intendierten Ursache-Wirkungsbeziehung gesehen werden darf: „Wenn wir (...) bei der Untersuchung der Beziehungen zwischen der altprotestantischen Ethik und der Entwicklung des kapitalistischen Geistes von den Schöpfungen Calvins, des Calvinismus und der anderen ‚puritanischen' Sekten ausgehen, so darf das (...) nicht dahin verstanden werden, als erwarteten wir, bei einem der Gründer oder Vertreter dieser Religionsgemeinschaften die Erweckung dessen, was wir hier ‚kapitalistischen Geist' nennen, in irgendeinem Sinn als Ziel seiner Lebensarbeit vorzufinden. Daß das Streben nach weltlichen Gütern, als Selbstzweck gedacht, irgendeinem von ihnen geradezu als ethischer Wert gegolten hätte, werden wir wohl nicht glauben können" (Weber, PE, 75f.).

Der Reformator Calvin, der bekanntlich in Genf eine das sittlich-religiöse Leben der Bürger streng überwachende Theokratie aufbaute, hat seine Prädestinationslehre in seinem in endgültiger Fassung im Jahr 1559 erschienene Hauptwerk – der Institutio Religionis Christianae – entwickelt, und der Hauptbestandteil dieser Lehre war das Dogma, daß ein Teil der Menschen durch Gottes „ewigen und unveränderlichen Vorsatz und den geheimen Ratschluß und die Willkür seines Willens" zur Seligkeit auserwählt, der Rest hingegen verdammt sei: Erlösung wird hier also als ein menschlichen Einsichten verschlossen bleibendes Gnadengeschenk Gottes aufgefaßt, eines Gottes, von dem die Gläubigen nunmehr durch eine unendliche Distanz – unüberbrückbar durch Werke, durch Priester und die Kirche – getrennt sind. Calvins Gottesbegriff schloß alle magischen Mittel der Heilssuche aus, und er war auch unvereinbar mit jeglichem Aufgreifen des Theodizeeproblems und jeder Frage nach dem Sinn der Welt. Vor „diesem Gott stand der (Gläubige) allein" (Bendix 1964, 53), und dieses Allein-Sein muß als angst- und spannungsvoller Zustand gedacht werden. Denn Weber legt überzeugend dar, daß in einem vom Glauben bestimmten Zeitalter die calvinistische Gottes- und Erlösungsvorstellung zur Quelle massiver Angst- und Unsicherheitsgefühle hinsichtlich des eigenen Jenseitsschicksals werden mußte, daß sich aus ihr eine durch nichts zu lindernde Spannung entwickelte. „Für (den Calvinisten) gab es jene freundlichen und menschlichen Tröstungen nicht, und er konnte auch nicht hoffen, Stunden der Schwächen und des Leichtsinns durch erhöhten guten Willen in anderen Stunden wettzumachen, wie der Katholik und auch der Lutheraner (...). Von dem katholischen, echt menschlichen Auf und Ab zwischen Sünde, Reue, Buße, Entlastung, neuer Sünde oder von einem durch zeitliche Strafe abzubüßenden, durch kirchliche Gnadenmittel zu begleichenden Saldo des Gesamtlebens war keine Rede" (Weber, PE, 133). Für die Anhänger der calvinistischen Prädestinationslehre mußte – so Weber – die angstbeladene Frage nach dem individuellen Gnadenstand bestimmend für ihr gesamtes Lebensgefühl werden, aber daraus mußte auch ein Antrieb zur Verringerung existenzieller Unsicherheit entstehen, das Bedürfnis, anhand äußerer Merkmale Hinweise dafür zu erhalten, zu den Auserwählten zu gehören. In der Lehre Calvins, der sich selbst seiner eigenen Erwählung vollkommen sicher war, wurde diesem Bedürfnis durch eine doppelte Antwort entgegengekommen: Der Gläubige solle einerseits mit dem „durch den wahren Glauben bewirkten beharrlichen Zutrauen auf Christus" (Weber, PE, 129) leben, er könne aber andererseits als handelndes Werkzeug göttlicher Gebote seine Selbstgewißheit stärken. Das hervorragendste Mittel hierzu sei aber die rastlose Berufsarbeit, die „den religiösen Zweifel (verscheuche)" (Weber, PE, 129) und als gottgewolltes Tun zur „rationalen Gestaltung des uns umgebenden Kosmos" (Weber, PE, 126), als Dienst am Ruhme Gottes begriffen wird. Calvins Lehre mündet also in den Gedanken der innerweltlichen Bewährung des einzelnen, einer Bewährung freilich, die sich nicht verwirklicht in einzelnen „guten Werken", sondern nur in einer rigorosen Systematisierung der ganzen Lebensführung. „Denn nur in einer fundamentalen Umwandlung des Sinnes des ganzen Lebens in jeder Stunde und jeder Handlung konnte sich das Wirken der Gnade als einer Enthebung des Menschen aus dem status naturae in den status gratiae bewähren (...) Diese Rationalisierung gab der reformierten Frömmigkeit ihren spezifisch asketischen Zug (..)" (Weber, PE, 133f.).

Webers im Vorhergehenden referierte Darstellung der religiösen Fundamentierung innerweltlichen asketischen Handelns ist sozusagen die Basis der „Protestantismus-These". Im nächsten Kapitel geht es Weber dann um den Aufweis, daß alle dem Prädestinationsdogma anhängenden protestantischen Denominationen die asketische Bewährung im Beruf – gewissermaßen als „Ersatzbewährung" des eigenen Gnadenstandes – zur Grundmaxime erhoben: „(...) Bei allen Abweichungen im einzelnen und bei aller Verschiedenheit in dem Nachdruck, welcher bei den verschiedenen Religonsgemeinschaften auf den für uns entscheidenden Gesichtspunkten liegt, zeigten sich diese letzteren doch bei ihnen allen vorhanden und wirksam (..). Daraus erfolgte für den einzelnen der Antrieb zur methodischen Kontrolle seines Gnadenstandes in der Lebensführung und damit zu deren asketischer Durchdringung. Dieser asketischer Lebensstil aber bedeutete (...) eine an Gottes Wille orientierte rationale Gestaltung des ganzen Daseins. Und diese Askese war nicht mehr ein opus supererogationis, sondern eine Leistung, die jedem zugemutet wurde, der seiner Seligkeit gewiß sein wollte (...)" (Weber, PE, 164f.). Weber demonstriert diese Gedanken vor allem an seelsorgerischen Schriften bedeutender puritanischer Theologen aus dem 17. Jahrhundert, an Schriften, die weitverbreitet waren und einen großen Einfluß auf die Lebensführung hatten. Besonders prägnant lassen sie sich an Werken Richard Baxters – er hatte bekanntlich einen großen Einfluß auf Cromwell – veranschaulichen. Bei Baxter werden Arbeit und Beruf (calling) als von Gott befohlener und ausschließlich seinem Ruhme dienender Selbstzweck des Lebens begriffen: „Arbeiten ist das moralische wie natürliche Ziel der Macht (...). Mit Handeln wird Gott am meisten gedient und wird er geehrt (...)" (Weber, PE, 169). Aus diesem Postulat asketischer Berufsarbeit entfaltete sich bei Baxter ein detaillierter Verhaltenskodex, dessen Gebote alles für verwerflich erklären, was von der gottgewollten Arbeit ablenkt. Freilich wurde bei Baxter keineswegs nur und primär die Verwirklichung des asketischen Berufsethos als Indiz göttlicher Berufung gewertet, sondern vor allem die Früchte desselben (vgl. Weber, PE, 170). Deshalb wurde das Streben nach Reichtum und Gewinn nicht nur gestattet, sondern sogar unzweideutig gefordert: „(...) Wenn Gott euch einen Weg zeigt, auf dem ihr ohne Schaden für eure Seele oder für andere in gesetzmäßiger Weise mehr gewinnen könnt als auf einem anderen Wege, und ihr dies zurückweist und den minder gewinnbringenden Weg verfolgt, dann kreuzt ihr einen der Zwecke eurer Berufung (calling), ihr weigert euch, Gottes Verwalter (steward) zu sein und seine Gaben anzunehmen, um sie für ihn gebrauchen zu können (...). Nicht freilich für Zwecke der Fleischeslust und Sünde, wohl aber für Gott dürft ihr abeiten, um reich zu sein" (Weber, PE, 172).

Die Ethik des asketischen Protestantismus ist, wie Weber oftmals hervorhebt, die einzige Religion, die rationalasketisches Wirtschaftshandeln verklärt und die deshalb gerade die frömmsten Menschen zu wirtschaftlichem Erwerb motivierte. Sie formulierte Prinzipien, die exakt den Maximen frühkapitalistischen Unternehmertums – der „Kapitalbildung durch asketischen Sparzwang" (Weber, PE, 180) – entsprachen, und die diese mitbegründeten. Sie ist einer der Ursprünge des modernen homo oeconomicus, dessen Handlungsrationalität später im ausgebildeten Kapitalismus zu einer von allen religiösen Orientierungen gelösten und vom Wirtschaftssystem erzwungenen Notwendigkeit wurde: „Der Puritaner wollte Berufsmensch sein – wir müssen es sein. Denn indem die Askese aus den Mönchszellen heraus in das Berufsleben übertragen wurde und die innerweltliche Sittlichkeit zu beherrschen begann, half sie zu ihrem Teile mit daran, jenen mächtigen Kosmos der modernen, an die technischen und ökonomischen Voraussetzungen mechanisch-maschineller Produktion gebundenen, Wirtschaftsordnung zu erbauen, der heute den Lebensstil aller einzelnen, die in dieses Triebwerk hineingeboren werden – nicht nur der direkt ökonomisch Erwerbstätigen –, mit überwältigendem Zwange bestimmt und vielleicht bestimmen wird, bis der letzte Zentner fossilen Brennstoffs verglüht ist. (...) Indem die Askese die Welt umzubauen und in der Welt sich auszuwirken unternahm, gewannen die äußeren Güter dieser Welt zunehmende und schließlich unentrinnbare Macht über den Menschen, wie niemals zuvor in der Geschichte. Heute ist ihr Geist – ob endgültig, wer weiß es? – aus diesem Gehäuse entwichen. Der siegreiche Kapitalismus bedarf, seit er auf mechanischer Grundlage ruht, dieser Stütze nicht mehr" (Weber, PE, 188).

II. Der okzidentale Staat der Neuzeit als Wegbereiter des Industriekapitalismus

Obwohl marktwirtschaftliche Systeme gerade auf dem Verzicht auf eine „waltende Ordnungsvorstellung“ beruhen (vgl. Bahrdt 1987, 118), bedürfen sie in der Praxis eines komplizierten institutionellen Gefüges, vielfältiger normativer Ordnungen („Handelsrecht“, „Währungsordnung“ etc.), deren „Geltung“ letztlich das staatliche Gewaltmonopol sichert. Grundlagen für einen derartigen institutionellen Rahmen wurden in Westeuropa im Zeitalter des Absolutismus – der Gründungsära des modernen Staates – durch Modernisierungs- und Disziplinierungsprozesse „von oben“ geschaffen, aber erst der bürgerliche Rechtsstaat entwickelte die zentralen politisch-rechtlichen Bedingungen, die die Entfaltung industriekapitalistischer Strukturen möglich machten.

1. Gewaltmonopol und innere Pazifizierung

Heben wir zunächst – in Anknüpfung an die Klassiker der absolutistischen Staatsphilosophie (Bodin, Hobbes; hierzu: Pohlmann 1988, 27ff.) und Norbert Elias' Zivilisationstheorie (Elias, 2 Bde., 1978) – das Einfachste hervor: Ein langfristig kalkulierendes Wirtschaftshandeln und die moderne industrielle Produktionstechnik können sich nur in pazifizierten Gesellschaften, auf der Basis eines gewissen Maßes staatlich garantierter Normsicherheit entwickeln. Ohne die Existenz gewaltmonopolisierender und normsetzender politischer Herrschaftsverbände kann größeren Sozialeinheiten weder ein Ordnungs- noch ein Investitionswert (zu den Begriffen vgl. Popitz 1992,

185ff.) zugeschrieben werden, fehlt ein Sicherheitsraum, der längersichtiges Planen und Handeln allererst ermöglicht. Derartige Ordnungen, Territorien überspannend, entwickelten sich in Europa im Absolutismus; sie waren das Ergebnis eines langen Prozesses gewalttätiger Ausscheidungskämpfe, die sich auf jeweils höherer Ebene reproduziert und schließlich zum Machtmonopol einer gesellschaftlichen Einheit – des Zentralherrn – geführt hatten. Norbert Elias hat den Prozeß gewalttätiger Monopolisierung territorialer politischer Macht eingehend anhand der Entwicklung vom Frühmittelalter bis zum Absolutismus in Frankreich untersucht (vgl. Elias 1978, Bd. 2, 143ff.) und aufgezeigt, daß das Wirksamwerden der uns bekannten marktwirtschaftlichen Monopolmechanismen erst nach Abschluß des zur Staatenbildung führenden Mechanismus gewalttätiger Monopolisierung der politischen Machtmittel möglich wurde. Sowohl Norbert Elias als auch Max Weber und Werner Sombart (1916, 334ff.) heben in ihren Werken hervor, daß die Etablierung von „Staaten" im europäischen Absolutismus – politische Herrschaftsverbände territorialer Ausrichtung mit Monopolfunktionen auf den Gebieten der Gewaltanwendung, Steuereintreibung und Normsetzung – historisch als die Grundvoraussetzung für die Etablierung großräumiger, auf „friedlicher" Konkurrenz um Marktchancen basierender Wirtschaftssysteme aufgefaßt werden müsse. Nun erschöpft sich die Funktion der absolutistischen Staaten für die Entwicklung von Marktwirtschaft und Industrie keineswegs in der von ihnen durchgeführten innergesellschaftlichen Pazifizierung. Wesentlicher war, daß sie neuartige Strukturen im Bereich staatlicher Herrschaftsinstitutionen entwickelten – spezifisch moderne Organisationsmuster –, die eine Vorbedingung für die Entwicklung des Industriekapitalismus in Europa waren. Die absolutistischen Staaten schufen nämlich Herrschaftsinstitutionen, die in ihrer Organisationsrationalität und der von ihnen erzwungenen „Verhaltensdisziplinierung" ihrer Mitglieder Grundpostulaten und strukturellen Erfordernissen kapitalistischer Industriebetriebe funktional weitgehend entsprachen. Wir wollen diesen Gedanken im folgenden ausführen.

2. Organisationsrationalität und Verhaltensdisziplinierung

Max Weber hat in seinen Schriften als Grundcharakteristikum des entwickelten kapitalistischen Industriebetriebs dessen hochgradige „formale Rationalität" – seine interne Berechenbarkeit – bezeichnet, aber er hebt auch immer wieder die Verknüpfung der innerbetrieblichen Rationalität mit der „formalrationalen" Struktur staatlicher Herrschaftsinstitutionen hervor:

„Der moderne kapitalistische Betrieb ruht innerlich v.a. auf der Kalkulation. Er braucht für seine Existenz eine Justiz und Verwaltung, deren Funktionieren wenigstens im Prinzip ebenso auf festen generellen Normen rational kalkuliert werden kann, wie man die voraussichtliche Leistung einer Maschine kalkuliert. Er kann sich mit ... dem Judizieren nach dem Billigkeitsempfinden, nach dem Einzelfall oder nach anderen irrationalen Rechtfindungsmitteln und Prinzipien ... ebensowenig befreunden ... Was dem modernen Kapitalismus im Vergleich zu jenen uralten Formen kapitalistischen Erwerbs spezifisch ist: Die streng rationale Organisation der Arbeit, ist nirgends innerhalb derartig irrational konstruierter Staatswesen entstanden und konnte dort auch nicht entstehen" (Weber, GPS, 310f.).

In Westeuropa – und dieses ist wesentlich – wurden formalrationale Grundmuster zunächst im Bereiche staatlicher Institutionen entwickelt, und dadurch wurden sozialstrukturelle Voraussetzungen und organisatorische „Vorbilder" für die Ausbildung der industriekapitalistischen Organisationsrationalität geschaffen. Diese These läßt sich vor allem an zwei im Absolutismus geschaffenen staatlichen Herrschaftsinstitutionen – der Staatsbürokratie und dem stehenden Heer – konkretisieren. Bekanntlich war für Max Weber die moderne Bürokratie der Prototyp für eine formal-rationale Großorganisation. Ihre innere Struktur (regelgebundene Ausführung des Amtes, aktenmäßige Verwaltung, strikte Kompetenzgrenzen, Fachqualifikation der Amtsinhaber, Amtshierachie) lassen sie als ein in jeder Beziehung auf Berechenbarkeit abgestimmtes System erscheinen. Die Grundmuster dieses Systems wurden – wie vor Weber bereits ausführlich Toqueville (Pohlmann 1988, 76ff.) aufgezeigt hat – im Absolutismus geschaffen, und bereits im Absolutismus begann die Entfaltung von zwei zentralen gesamtgesellschaftlichen Auswirkungen der Bürokratisierung:

der Berechenbarkeit staatlichen Handelns und der Berechenbarkeit des Handelns der Bevölkerung. Staatliches Handeln wurde für die Bevölkerung berechenbarer, weil es zunehmend über bürokratische Aktionsschemata vermittelt wurde – so entwickelte sich ein sich immer mehr strukturierender Sicherheitsraum, der langfristiges und weiträumiges Planen ermöglicht. Aber auch das Handeln der Bevölkerung selbst wurde – in einem nunmehr territorialen Rahmen – immer berechenbarer. Ordnungen vielfältiger Art wurden durchgesetzt, und als Folge der zunehmenden Herrschaft genereller Normen im gesamten Staatsgebiet entwickelte sich ein Durchformungs- und Vergleichheitlichungsprozeß von Handlungsmustern der Bevölkerung, der die Berechenbarkeit und Verwaltbarkeit der Gesellschaft immens steigerte. Am Ende dieses Kapitels werden wir den von Max Weber theoretisch hinreichend begründeten Gedanken über die neuen Dimensionen der „Berechenbarkeit" als Konsequenz bürokratischer Herrschaft am Beispiel der Wirtschaftspolitik der absolutistischen Staaten – dem Merkantilismus – illustrieren, und wir werden dort auch aufzeigen, daß die merkantilistische Wirtschaftsordnung Basalvoraussetzungen für die industriekapitalistische Entwicklung schuf. Zunächst aber wollen wir das Augenmerk auf einen Aspekt des Verstaatlichungsprozesses im Absolutismus lenken, der – nur selten angemessen reflektiert – eine nicht minder wichtige Funktion bei der Schaffung von Grundlagen für den Industriekapitalismus hatte: auf die neuartige Qualität der Verhaltensdisziplinierung, die eine Konsequenz der neuen Organisationsrationalität staatlicher Herrschaft im Absolutismus war.

Der Aufbau moderner staatlicher Strukturen in der absolutistischen Ära war mit der Durchsetzung neuer Verhaltensstandards in der Bevölkerung verknüpft, mit einem Prozeß, den man in Anknüpfung an den Historiker Gerhard Östreich (Östreich 1969, 157ff.) am treffendsten mit dem Begriff der „Sozialdisziplinierung" charakterisieren kann. Östreich versteht darunter neuartige Muster der Machtausübung und des Gehorchens innerhalb der Apparate staatlicher Herrschaft und mittels dieser Apparate in der Gesellschaft; er veranschaulicht diese Muster an der absolutistischen Staatsbürokratie, aber ebenso an der Heeresorganisation und am merkantilistischen Wirtschaftssystem: „Bürokratismus, Militarismus und Merkantilismus, ziviler, militärischer und ökonomischer Staatsdienst bildeten gleichsam Erscheinungsformen der Sozialdisziplinierung auf den Gebieten der Verwaltung, des Heerwesens und der Wirtschaft" (Östreich 1969, 191). Für Östreich ist „Sozialdisziplinierung" ein wesentliches Charakeristikum der absolutistischen Ära und ein Grundelement im Gesamtprozeß europäischer Modernisierung:

„Der soziale Disziplinierungsprozeß im Zeitalter des Absolutismus kann vielleicht mit einem anderen großen Vorgang des modernen Staates, mit der fundamentalen Demokratisierung des 19. Jahrhunderts verglichen werden. Gewiß ist dieser politische Prozeß gerade aus der Freiheitsbewegung im Gegenschlag zum Absolutismus hervorgegangen ... Andererseits aber bildete der unter weitgehender Leitung der absoluten Monarchie durchgesetzte Vorgang der Fundamentaldisziplinierung eine Voraussetzung für jene Fundamentaldemokratisierung des Staates und der Gesellschaft" (Östreich 1969, 195).

3. Heeres- und Betriebsdisziplinierung (Max Weber)

Ich will im folgenden anhand der Schlüsselinstitution des absolutistischen Staates – dem Heer – Grundmerkmale dieses Disziplinierungsprozesses herausarbeiten. Das Heer bietet sich dafür deswegen besonders an, weil es – wie Karl Mannheim hervorgehoben hat – einer der Urspungsorte moderner Sozialtechniken zur planmäßigen Gruppenorganisation war. Das absolutistische Heer, so Mannheim, sei die erste große Institution gewesen, in der Methoden rationaler Disziplinierung zur Überwindung von Angst und zur Erzeugung eines einheitlichen Massenverhaltens einexerziert wurden (vgl. Mannheim 1958); hier wurden hochgradig artifizielle Formen der Machtausübung und des Gehorchens mit multifunktionaler Anwendbarkeit geschaffen, die – und das ist für unseren Zusammenhang wichtig – vorbildhaft auch für die Organisationsrationalität des kapitalistischen Betriebs wurden. Dieser Gedanke spielt auch in Max Webers Herrschaftssoziologie eine wichtige Rolle, und da ich von Weber einige leitende Gesichtspunkte beziehe, gehe ich zunächst auf seine Ausführungen ein.

In einem Pargraphen seiner Herrschaftssoziologie – „Die Disziplinierung und die Versachlichung der Herrschaftsformen"

– entwickelt Max Weber den Begriff der „rationalen Disziplinierung“. Der Begriff soll Machtausübungsmuster charakerisieren, die in hochentwickelter Form seinerzeit im ökonomischen Großbetrieb angewendet wurden. Das Urbild der modernen Betriebsdisziplin aber findet sich in der Heeresorganisation der absolutistischen Staaten, als deren Grundvoraussetzung Weber die Monopolisierung der Gewaltmittel durch den politischen Herrn (in Analogie zur Produktionsmittelkonzentration durch private Eigner im Kaptalismus) kennzeichnet.

Weber hat eine Definition von „rationaler Disziplinierung“ entwickelt (vgl. Weber, WuG, 681), die sich in drei Komponenten zerlegen läßt.

Rationale Disziplinierung ziele auf maximale Berechenbarkeit der Handlungen einer herrschaftlich strukturierten Gruppe, sei am Effizienzprinzip orientiert, und sie zeichne sich durch Unpersönlichkeit aus, durch eine Regelgebundenheit von Machtausübung und Gehorsam. Erlernt, so Weber, werde rationale Disziplin durch rationales Gehorsamstraining und verinnerlicht durch die Ethik der Sekundärtugenden, die Stilisierung von „Pflicht“, „Gewissenhaftigkeit“ und „Effizienz“ zum Selbstzweck. In ihrer höchsten Verwirklichungsform mache sie ein Gruppenhandeln in ähnlicher Weise rational berechenbar, wie „man die Ausgiebigkeit von Kohlen- und Erzlagern kalkuliert“ (Weber, WuG, 682).

Die bisher zum Begriff der „rationalen Disziplinierung“ entwickelten Gesichtspunkte sollen im folgenden durch Analyse der sich im Absolutismus ausbildenden Heeresstrukturen konkretisiert werden. Dabei wird deutlich, daß die Organisationsrationalität dieser verstaatlichten Gewaltapparate Grundstrukturen des kapitalistischen Betriebs antizipierte und die Heeresdisziplin ein „Mutterschoß“ (Weber, WuG, 686) moderner Arbeitsdisziplin war.

4. Die Organisations- und Disziplinarstruktur des absolutistischen Heeres als Vorläufer der Betriebsdisziplin

Im Gegensatz zu den ihm vorausgehenden Heeresformen – dem feudalistischen Ritter- und dem frühmodernen Söldnerheer – (vgl. Pohlmann 1988, 43ff.) wurde das Heer im Absolutismus zu einem stehenden und verstaatlichten Gewaltapparat. „Verstaatlicht" meint dabei im wesentlichen zweierlei: Erstens ging die alleinige Befehlsgewalt auf den Repräsentanten des Staates über, den Inhaber der Souveränität, also normalerweise den Fürsten. Die Heeresführer wurden von – auf eigene Entscheidungsgewalt und eigene Rechnung handelnden – „Privatunternehmern" (Hintze 1967, 52ff.) zu allein dem Souverän untertanen „Staatsdienern", von dem sie auch ernannt wurden, umgewandelt. Ineins mit dieser „Verstaatlichung" der Befehlsgewalt und der Verwandlung der Heeresführer in „Staatsdiener" kam es zu einer rigorosen Durchsetzung des Prinzips von Befehl und Gehorsam, das feudalistische und mittelalterliche Treue- und Statusbegriffe an den Rand drängte. Grundvoraussetzung für diesen Verstaatlichungsvorgang aber war ein zweiter Prozeß der Verstaatlichung, nämlich die Monopolisierung der Kriegsbetriebs- und Subsistenzmittel der Soldaten in der Hand des Zentralherren. Kämpfte im Mittelalter der Ritter mit eigenen Waffen, so erhält im Absolutismus der Soldat seine Waffen aus den Speichern der Staatsrepräsentanten. Ebenso weicht die Selbstverköstigung des Ritters einer Verpflegung durch den Staat. Am deutlichsten tritt, was „Verstaatlichung" heißt, bei der Bekleidung der Soldaten hervor: Trug der Ritter wie der Landsknecht seine eigene Kleidung, so bekommt jetzt der Soldat eine Uniform zugewiesen: Sie unterscheidet nicht nur die eigenen von den feindlichen Soldaten – das ist für die Befehlshaber wichtig –, sondern sie vergleichheitlicht den einzelnen auch mit seinem Nebenmann, sie verschafft ihm damit sowohl das Gefühl der Auswechselbarkeit als auch der Zusammengehörigkeit. Daß Disziplin ohne Uniformierung undenkbar sei, war eine Grundidee absolutistischer Heeresauffassung (vgl. Sombart 1916, 360).

Das Heer wurde also im Absolutismus zu einer örtlich gebundenen Ansammlung vollständig abhängiger „Soldaten", abhängig hinsichtlich der Waffen, der Bekleidung, der Beköstigung und der Bezahlung; dies setzte eine Wirtschafts- und Steuerpolitik voraus, die dem Zentralherrn gesicherte und möglichst wachsende Geldeinnahmen verschaffte. Erwähnt sei hier nur, daß die Entstehung des merkantilistischen Systems der Wirtschaftspolitik primär auf die Finanzierungsnotwendigkeiten des Heeres zurückzuführen ist. Für den Aufbau moderner staatsbürokratischer Strukturen – erst sie ermöglichen eine einigermaßen rationale Steuererhebung und -eintreibung – gilt das gleiche.

Die Verstaatlichung der Heere war die Grundvoraussetzung für die Durchsetzung einer Organisationsrationalität, deren hochgradig artifiziellen Charakter nichts deutlicher macht als die Tatsache, daß ihre ursprüngliche Konzeption das Werk von Wissenschaftlern war. Humanistische Gelehrte haben, in Anknüpfung an antike Autoren, die neue Heeresform ersonnen. Herausragende Gestalt dieser Theoretiker des Heerwesens war der niederländische Neustoiker Justus Lipsius, der die Grundlage der Heeresreform schuf. Wissenschaft und Praxis waren so eng aufeinander bezogen, daß Östreich, auf den ich mich im folgenden hauptsächlich stütze, schreiben kann: „Auf (den) Leistungen des Späthumanismus ruht nicht nur die neuzeitliche Kriegswissenschaft, sondern eben auch die militärische Praxis. Die Verwissenschaftlichung des Krieges hatte mit der Zusammenarbeit von Hochschule und Heer begonnen" (1957, 304).

4.1 Der manufakturielle Charakter des absolutistischen Heeres

In Lipsius' Heereskonzeption sind die Grundprinzipien der absolutistischen Heeresform in „idealtypischer" Weise konzipiert. Ihr Bezugspunkt bildet bezeichnenderweise der Begriff der „disciplina", der von Lipsius auf vier Ebenen (hierzu Östreich 1957, 303ff.) entwickelt wird.

Die *erste* betrifft die Disziplinierung des einzelnen Soldatenkörpers, für die Lipsius ein höchst detailliertes Exerzierreglement entwirft. In ihm werden Handlungen in eine Vielzahl einzelner Bewegungen zerlegt, mit Zeitwerten verknüpft und einzelnen Befehlsworten zugeordnet. Zum Beispiel gab es 43 genau definierte, zeitlich präzise festgelegte, an jeweils ein Befehlswort gebundene Einzelvorrichtungen für das Abfeuern der Muskete (vgl. Hahlweg 1941). Bestimmend sind für Lipsius' Exerzierreglement grundsätzlich zwei Prinzipien: die analytisch geleitete Parzellierung und die Neusynthese im Hinblick auf maximale Effizienz. Das meint: Dem Soldatenkörper werden zunächst analytisch gesonderte Einzelfragmente isoliert solange eingedrillt, bis sie habitualisiert worden sind, und dann werden in gleicher Systematik sukzessiv komplexere

Synthesen erlernt – das Reglement ist an einer genau berechneten, evolutiven Ordnung der Zeit (vgl. Foucault 1976, 201ff.) ausgerichtet.

Die *zweite* Ebene von Lipsius' Überlegungen zur Heeresreform betrifft nicht mehr den einzelnen Soldaten, sondern das Heer als Ganzes. Und auch hier folgt Lipsius' Konzeption den Prinzipien der Analyse und künstlichen Synthese. Zunächst wird das Heer unterteilt in quantitativ genau bestimmte Formationen (Regimenter, Kompanien etc.) mit einer jeweils genau festgelegten hierarchischen Struktur. Diesen Formationen werden Einzelfunktionen militärischen Handelns eingedrillt. Das Zusammenspiel dieser Einzelfunktionen – die Synthese der Handlungsmuster der einzelnen Formationen – wird ebenfalls genau geplant und exerziert: Ziel dieser Unterteilung des Heeresganzen ist es, per Befehl schnellstmöglich die Trennung und die Vereinigung der Heeresformationen zu ermöglichen. Lipsius' Neukonzeption des Heeresganzen – er bezeichnet sie mit dem Begriff der „Ordnung" – bezweckt ein genaues Ineinandergreifen genau definierter Handlungsfragmente einzelner Formationen, und damit verwirklicht sie ein Prinzip, das auch die innere Struktur kapitalistischer Großbetriebe bestimmen sollte, das Prinzip der prozessualen Arbeitsteilung nämlich. In den frühkapitalistischen Manufakturen fungierte diese Form von Arbeitsteilung als Dominantprinzip, sie erlangte hier aber nie den Perfektionsgrad, der im absolutistischen Heer – einer gewissermaßen beweglichen Großmanufaktur – realisiert war. Erwähnenswert ist, daß im Heer sogar noch ein weiteres Prinzip der Arbeitsteilung – die Trennung von Hand und Kopf – bestimmend wurde: Das Funktionieren des Heeresganzen wurde von einem „Kopfarbeiterstab" entworfen und antizipatorisch eingeübt. „(Die) taktischen Reformen wurden mit Bleisoldaten ausprobiert, ehe sie im Feld zur Anwendung kamen" (Östreich 1957, 308).

Die *dritte* Ebene von Lipsius' Konzeption der Heeresdisziplin bezieht sich auf das interne Belohnungs- und Strafsystem: Die militärischen Führer – jetzt Offiziere – sollen nicht nur Vorbilder für die einfachen Soldaten sein, sie sollen auch besondere militärische Leistungen belohnen. Neben öffentlichen Ehrungen, Tapferkeitsauszeichnungen und Geldprämien ist hier vor allem auf die von Lipsius genannte Möglichkeit geregelten Aufstiegs auf der hierarchisch gestaffelten Positionsleiter hinzuweisen. Ebenso soll ein neues System von Sanktionen geschaffen werden: Den Sanktionen soll ihr Willkürcharakter, den sie in den Landsknechtsheeren hatten und der dort oft Rebellionen bewirkte, genommen werden. Die Strafen sollen zu den Übertretungen in Beziehung gesetzt und in formalen Regeln festgelegt werden. Verwirklicht werden soll ein System genau gestaffelter Sanktionen.

Hinzuweisen bleibt noch auf eine letzte Ebene von Lipsius' Überlegungen, die verdeutlicht, daß sich seine Heeresreform nicht in der Begründung und Anwendung neuer Sozialtechniken erschöpft. Ihm geht es auch um die Begründung eines neuen Ethos soldatischen Handelns. Gerade dazu diente der Neustoizismus, auf dessen philosophische Prämissen ich hier nicht eingehen kann (hierzu Pohlmann 1988, 51ff.; Borkenau 1980, 182ff.). Hier genügt ein Hinweis auf die praktischen Postulate der neustoischen Philosophie, die sich letztlich alle in einem Gedanken treffen: der Erhebung von Selbstbeherrschung zum zentralen moralischen Wert. Bei Lipsius entspringt daraus ein detaillierter Tugendkatalog für den Offizier: „Selbstbeherrschung hält den Soldaten von den übermäßigen Freuden des Essens, Trinkens und der Liebe zurück, die damals im Vordergrund militärischen Tuns standen. Mäßigung in Rede, Kleidung und allem Handeln ist ebenso nötig. Hier hat Lipsius erst den Gehorsam gleichsam als asketische, militärische Tugend abgehandelt. Für den Soldaten gibt es keine Stellungnahme und keinen Disput über einen Befehl. Er führt in willigem Gehorsam aus, was ihm befohlen wird. Schließlich darf der Soldat keinen Diebstahl und keine Gewalttat begehen... Lipsius weiß, daß er gerade mit der letzten Forderung in seiner Zeit ausgelacht wird..." (Östreich 1957, 310). Damit ist deutlich geworden: Bereits bei seiner historisch ersten Verwirklichung erhielt der moderne Gewaltapparat auch die ihn spezifisch charakterisierende geistige Basis: die Ethik der Sekundärtugenden, ein material ungefülltes System des Selbstzwangs und des Gehorsams.

5. Territoriale Unifizierung, Reglementierung und Privilegierung – der Merkantilismus

Daß in staatlichen Herrschaftsinstitutionen im Absolutismus Organisationsstrukturen entwickelt wurden, die als Vorbilder für die Organisationsrationalität und -disziplin des kapitalistischen Betriebs wirkten, hat unsere Analyse der absolutistischen Heeresform aufzeigen können. Der absolutistische Staat hat freilich – wie wir früher bereits angedeutet haben – nicht nur auf dem Gebiet organisationsinterner Strukturen eine Wegbereiterfunktion für den Kapitalimus gehabt, sondern er hat auch im gesamtgesellschaftlichen Bereich Grundvoraussetzungen für die Entwicklung marktwirtschaftlicher Strukturen geschaffen. Bedeutsam in dieser Hinsicht war vor allem das mittels der absolutistischen Staatsbürokratie etablierte System der merkantilistischen Wirtschaftspolitik, und zwar vornehmlich deswegen, weil seine territorial ausgerichteten normativen Vereinheitlichungen einen für die liberale Marktwirtschaft unerläßlichen Ordnungsrahmen vorbereiten halfen. Wir werden dies gleich knapp skizzieren. Davor aber eine kurze Vorbemerkung zur Herkunft des staatsmerkantilistischen Systems.

Das System der merkantilistischen Wirtschaftslenkung war zwar unmittelbar auf die Konsolidierung und den Ausbau der politischen Macht der absolutistischen Staaten bezogen (vgl. Haussherr 1955, 216f.), aber seine Leitideen wurden bereits früher – in der Zeit der ökonomischen Blüte der spätmittelalterlichen okzidentalen Bürgerstädte – entwickelt. Der absolutistische Merkantilismus läßt sich als eine verfeinerte, territorial ausgerichtete und vom Fürsten als Souverän des Staates praktizierte Form des „Stadtmerkantilismus" (vgl. Schmoller 1898, 3ff.; Helmer 1986, 190ff.) begreifen, und eine der Hauptursachen für den „Staatsmerkantilismus" war das Ziel, dem wichtigsten Machtinstrument des Zentralherrn – dem Heer – eine solide ökonomische Basis zu verschaffen (vgl. Hintze 1967).

Die Zentralidee der merkantilistischen Wirtschaftspolitik war die Wirtschaftslenkung, war der Versuch, durch den Einsatz staatlicher Machtmittel ein bestimmtes Wirtschaftssystem zu etablieren und das etablierte fortwährend zu regulieren, zu reglementieren und zu kontrollieren. Grundsätzlich galt: Die Wirtschaft soll nicht – wie beim Wirtschaftsliberalismus des bürgerlichen Staates – sich selbst überlassen bleiben, sondern sie soll den Machtansprüchen des Staates untergeordnet werden. Ziel war vor allem, die Wirtschaft so zu fördern und zu regulieren, daß die Geldsteuerkraft der Bevölkerung und damit die fürstlichen Geldeinnahmen gesteigert werden. Geld, möglichst viel Geld brauchte der absolutistische Fürst insbesondere zur Bezahlung der beiden Grundpfeiler seiner Herrschaft, des zentralisierten Heeres und der sich herausbildenden Staatsbürokratie.

„Um Armee und Beamtenschaft (zu denen sich noch der teure Hofstaat gesellt) erhalten zu können, bedurfte der Fürst ... vor allem Geld und noch mal Geld und zum dritten Mal Geld ... Geld zu beschaffen, wird also das Zentralproblem der fürstlichen Staatskunst, und es ist ja sattsam bekannt, daß sich um dieses Streben nach Geld alle Ideen und Maßnahmen der merkantilistischen Politik herumgelagert haben“ (Sombart 1916, 385).

Nun könnte es so scheinen, als habe ein derartiges Ziel die Entwicklung eines kapitalistischen Marktsystems vor allem gehemmt, tatsächlich aber enthielt der Merkantilismus auch viele hierfür förderliche Elemente und Techniken:

Die bekannten *bevölkerungspolitischen* Maßnahmen des Merkantilismus, die „Peuplierung“, hatten eine – nach den Verheerungen des dreißigjährigen Krieges dringend benötigte – Vermehrung der Arbeitskräfte zur Folge, die, durch eine Vielzahl staatlicher Gesetze diszipliniert, zur Arbeitsamkeit erzogen werden sollten (vgl. Lütge 1965, 180).

Auch in seiner *Gewerbepolitik* – der Förderung möglichst fortgeschrittener Manufakturen – war der Merkantilismus einer der Geburtshelfer des modernen Produktionskapitalismus:

„Wir müssen uns zum Bewußtsein bringen, daß der Fürst und der kapitalistische Unternehmer in jenen Jahrhunderten natürliche Bundesgenossen waren, weil sie zu einem guten Teil gleiche Interessen verfolgten ... Gemeinsam ... war den beiden neuen Mächten das Interesse an einem möglichst ausgedehnten Vorrat an Edelmetallen im Lande. So kam es ganz von selbst, daß die beiden zusammenhielten; daß insbesondere – was uns hier angeht – der absolutistische Staat zum Förderer und Helfer der kapitalistischen Interessen, also in erster Linie der kapitalistischen Industrien und des großen auswärtigen Handels wurde ...“ (Sombart 1916, 369).

Auf die Förderung inländischer Gewerbebetriebe war auch die merkantilistische *Außenhandelspolitik* bezogen, deren Leitidee darin bestand, möglichst viele Verkaufsmöglichkeiten für Produkte, in denen ein Maximum inländischer Arbeit steckte, ins Ausland zu schaffen. Theoretisch wurde dieses Ziel durch die Theorie der aktiven Außenhandelsbilanz gestützt, die eine Verarmung des Landes lehrte, sobald der Wert der Einfuhr den der Ausfuhr übersteigt (Weber, WuG, 819f.).

Die wichtigsten *Einzeltechniken* merkantilistischer Wirtschaftspolitik lassen sich – trotz vieler Unterschiede im Detail – auf drei, in den europäischen Ländern im wesentlichen gleiche Grundprinzipien reduzieren (dazu v.a. Sombart 1916, 362ff.).

Das wichtigste Prinzip war das der wirtschaftlichen *Unifizierung* des Staatsterritoriums, seine Vereinheitlichung durch Ausrichtung an staatlich gesetzten Regelungen und Maßstäben. Durch Unifizierung bewirkte der Merkantilismus eine Überwindung regionaler Parzellierungen und die Schaffung von Grundbedingungen für einen das Staatsgebiet überspannenden Markt. So wurde zum Beispiel ein einheitliches Maß- und Gewichtssystem begründet, wurde das Münz- und Geldwesen vereinheitlicht und ein einheitliches Verkehrssystem geschaffen.

Das Prinzip der Unifizierung wurde freilich nicht nur in der Marktsphäre, sondern ebenso in der Produktion wirksam, was unter anderem die Vereinheitlichung des Gewerberechts zur Konsequenz hatte. Dadurch wurde das mittelalterliche Zunftsystem mit seinen von Stadt zu Stadt differierenden Zunftordnungen weitgehend aufgelöst, wandelten sich die Zünfte von regionalen zu nationalen Verbänden, deren Regeln vom Staat gesetzt und kontrolliert wurden (vgl. Schäfer 1989, 357).

Das *zweite*, bereits im Prinzip der Unifizierung enthaltene Grundprinzip des Merkantilismus war das der *Reglementierung*, der Versuch, durch staatliche Reglements nicht nur möglichst genau den Produktionsvorgang, sondern genauso die Art der zu bearbeitenden Rohstoffe und die Qualität des Endprodukts zu bestimmen.

Drittes Grundprinzip des Merkantilismus war die *Privilegierung*, der Einsatz staatlicher Macht- und Kontrollmittel, um die wirtschaftliche Tätigkeit von Privatpersonen zu begründen oder bereits bestehende rentabler zu gestalten. Objekte der Priviligierung waren typischerweise protokapitalistische Manufakturen. Es gab verschiedene Formen der Priviligierung; eine wichtige war diejenige in der Form der Monopolisierung: Der Fürst gestattet nur bestimmten Personen oder Korporationen bestimmte wirtschaftliche Tätigkeiten. Bezog sich dies auf produktive Tätigkeiten, dann begründete der Fürst ein Produktionsmonopol. Gefördert wurden so vor allem technisch besonders fortgeschrittene Manufakturen und Industrien. Häufig war die Entwicklung eines neuartigen Produktionsverfahrens auch der Anlaß, die betreffenden Produktionsstätten durch Monopolrechte zu priviligieren. Das Monopol konnte freilich genauso ein Handelsmonopol sein – wenn etwa einer bestimmten Gruppe das Recht zugesprochen wurde, ausschließlich mit einer bestimmten Ware oder Warengattung Handel zu treiben, oder wenn das Monopol das Recht bedeutete, allein in einer bestimmten Gegend zu handeln.

Soweit die kurze Skizze von Zielen und Techniken der merkantilistischen Wirtschaftspolitik. Natürlich liegt auf der Hand, daß die vielfältigen Reglementierungs- und Monopolisierungspraktiken mit der wachsenden wirtschaftlichen Macht des Bürgertums dessen wirtschaftliche Initiative zunehmend hemmten; aber der Merkantilismus schuf zuallererst die Grundlagen, daß sich ein territorial gestrecktes marktwirtschaftliches System und produktionstechnische Innovationen entwickeln konnten.

6. Die Überwindung des Merkantilismus – der Wirtschaftsliberalismus

Daß die Entfaltung industriekapitalistischer Strukturen die Abschaffung merkantilistischer Wirtschaftsrestriktionen erforderte, deuteten wir gerade an. Möglich wurde diese Abschaffung durch die Lehren vom Wirtschaftsliberalismus, deren Grundprinzipien sich seit Ende des 18. Jahrhunderts in den mittel- und westeuropäischen Ländern verbreiteten und dort seit dem frühen 19. Jahrhundert mehr und mehr das Gewerbe- und Handelsrecht umformten. Die theoretische Konzeption der liberalistischen Marktwirtschaftslehre verbindet sich vor allem mit dem Namen Adam Smith's, dessen Grundgedanken im folgenden kurz skizziert werden sollen. Adam Smith's 1776 erschienenes Werk über den „Wealth of Nations“ ist die erste Wirtschaftstheorie, die in systematischer Form wissenschaftlich begründet, daß in der Regel Staatseingriffe in den Wirtschaftsablauf – freilich keineswegs der Staat selbst – überflüssig und kontraproduktiv sind, weil dadurch der Wohlstand des Gemeinwesens abnimmt. Basis seiner Theorie ist die Lehre der freien Konkurrenz, des laissez faire, in der er zu beweisen versucht, daß die wirtschaftliche Freiheit der einzelnen in einer Art von providentiellem Finalismus für das Gemeinwohl am förderlichsten sei: Die Mechanismen der freien Konkurrenz bewirken durch sich selbst eine vernünftige Vermittlung von Eigen- und Gesamtinteresse, und deswegen seien die Staatseingriffe des Merkantilismus abzulehnen und zu bekämpfen. Daraus resultiert bei Adam Smith freilich nicht, daß der Staat keine wirtschaftlich relevanten Aufgaben besitze: Außer den basalen Funktionen des Schutzes von Leib, Leben und Eigentum und der Streitschlichtung müsse er jene Güter und Dienste anbieten, die „ihrer ganzen Natur nach niemals einen Ertrag abwerfen, der hoch genug für eine oder mehrere Privatpersonen sein könnte, um die anfallenden Kosten zu decken, weshalb man von ihnen nicht erwarten kann, daß sie diese Aufgaben übernehmen“ (Smith 1978, 612). Es sind dies im wesentlichen Infrastrukturaufgaben, wie Verkehrseinrichtungen, Versorgungsbetriebe und Nachrichtenverbindungen, und wenn man diesen noch das Bildungs- und Gesundheitswesen hinzufügt, dann hat man die klassischen Aufgaben beieinander, die der Staat nach Smith in einer Marktwirtschaft erfüllen muß, damit diese überhaupt funktionsfähig sein kann.

Aus den Prinzipien des Wirtschaftsliberalismus wurde in der ersten Hälfte des 19. Jahrhunderts das moderne Wirtschaftsrecht als ein System individueller Freiheitsrechte (Erwerbsfreiheit, Vertragsfreiheit, Freiheit des Eigentums etc.) geformt, ein Rechtssystem, ohne das die Entfaltung der Industriegesellschaft nicht möglich gewesen wäre.

7. Die Grundprinzipien des Rechtsstaates und die französische Revolution

Die gerade skizzierten Prinzipen des Wirtschaftsliberalismus konnten rechtswirksam werden erst durch die tiefgehenden

Wandlungen der staatlichen Strukturen, die ein Ergebnis der *französischen Revolution* und ihrer *Folgewirkungen* in Europa waren. Der sich dadurch entwickelnde Durchsetzungsprozeß rechtsstaatlicher Grundsätze – darunter vor allem der Ideen der Rechtsgleichheit, Rechtssicherheit, Freiheit der Individualsphäre und Vertragsfreiheit – war eine zentrale Bedingung für die Entwicklung der Industriegesellschaft, und dieser Prozeß hatte seine ideellen Wurzeln in der *europäischen Aufklärung*.

Die Aufklärung war nach ihren Trägern und ihrem Ethos eine wesentlich bürgerliche Geistesbewegung, die in ihrem Naturrecht und ihren politischen Theorien Ideen entwickelte, denen angesichts des Staatsabsolutismus und der Ständeordnung des ancien régime eine starke revolutionäre Stoßkraft innewohnte: die natur- und vernunftrechtlich begründeten Ideen des *Rechtsstaates* (Freiheit, Gleichheit, Eigentum) – ihre wichtigsten philosophischen Repräsentanten waren Locke und Kant –, die Idee der *Gewaltenteilung* (Montesqieu, Locke) und das Prinzip der *Volkssouveränität* (Rousseau) (zum Gesamtzusammenhang vgl. Pohlmann 1988, 73ff.).

Die französische Revolution von 1789 war – jedenfalls in ihrem ersten Stadium, bis zum Beginn der Terrorphase – der Prototyp der bürgerlichen Revolutionen. In ihr konstituierte sich der dritte Stand als die souveräne Nation, welche jetzt als die Gesamtheit der freien und rechtlich gleichen Staatsbürger verstanden wurde – ein Status, den die Menschen- und Bürgerrechte als Bedingung jeder künftigen Verfassung definierten. Wie Wellenringe von einer Erschütterung der Mitte gingen vom revolutionären Frankreich Bewegungen durch ganz Europa aus, Bewegungen in Richtung auf die soziale Emanzipation der noch herrschaftlich gebundenen Schichten, auf ein allgemeines Staatsbürgertum, auf die Freiheit der wirtschaftlichen Betätigung und auf Vertretung des ganzen Volkes in den gesetzgebenden Körperschaften.

Eine klassische Analyse dieser Entwicklung – gerade im Hinblick auf die *Schaffung konstitutiver politisch-rechtlicher Voraussetzungen* für die Industriegesellschaft – hat Lorenz von Stein in seiner dreibändigen „Geschichte der sozialen Bewegung in Frankreich von 1789 bis auf unsere Tage“, erstmals erschienen im Jahre 1849, vorgelegt. Ich will im folgenden nur kurz einen der Ausgangspunkte von Steins Überlegungen skizzieren: seine These, daß erst durch die Grundprinzipien der französischen Revolution der wirtschaftlich-soziale Bereich sich als eine autonome, vom Staat getrennte Sphäre konstituieren konnte, in der das individuelle ökonomische Interesse zum „bewegenden Prinzip“ gesellschaftlicher Entwicklung wurde (zur Analyse von Steins gesamter Theorie vgl. Pohlmann 1988, 93ff.). Schauen wir uns unter diesem Gesichtspunkt zunächst den Grundgehalt der Deklaration der Menschen- und Bürgerrechte von 1789, auf der die Verfassung von 1791 aufbaute, an.

Zunächst wendet sich die Deklaration gegen das alte feudalistische Privilegiensystem, gegen korporative Gebundenheiten und geburtlich bedingte Über- und Unterordnungsverhältnisse; allerdings waren diese in Frankreich, wie Toqueville in seiner Analyse des ancien régime („Der alte Staat und die Revolution“) ausführlich beschrieben hat, nur noch ein Schatten ihrer selbst – die Deklaration besiegelte nur ihr faktisches Ende.

Anstelle der alten Privilegienstruktur setzt die Deklaration als bestimmendes Prinzip von Staat und Gesellschaft die „Entwicklung der freien einzelnen Persönlichkeit ...“ (Stein 1959, Bd. I, 213) – dies ist der Grundgehalt ihrer einzelnen Artikel: Sie deklarieren zunächst die individuelle Freiheit und rechtliche Gleichheit, machen dann – im zweiten Artikel – jeden zum Rechtssubjekt und sichern ihm gleiche natürliche Rechte (Freiheit, Eigentum, Sicherheit, Schutz gegen Unterdrückung) zu. Als „Endzweck“ des Staates („aller politischen Vereinigung“) wird die „Erhaltung der natürlichen und unabdingbaren Menschenrechte“ gefaßt. Artikel 3 erkennt dem Volk die Souveränität zu; das Prinzip der Volkssouveränität wird in Artikel 6 (Gesetz als Ausdruck des Gemeinwillens) und 10 und 11 (Versammlungs- und Pressefreiheit) differenziert, während sich in Artikel 4 eine Präzisierung des Gedankens der individuellen Freiheit – sie ist gesetzlich dergestalt limitiert, daß ihre Ausübung die Freiheit anderer nicht beschränkt – findet.

Die in der Deklaration projektierte Ordnung basiert – kurz gefaßt – auf folgenden Prinzipen: Zunächst trennt sie die sozoökonomische Sphäre als einen vom Staat gesonderten Ordnungszusammenhang – sie macht die einzelnen, durch bestimmte Rechte definierten Individuen zu Subjekten eines autonomen Beziehungsfeldes. Dann erkennt sie dieser Sphäre das Primat über die staatliche Sphäre zu – dies nicht nur im Prinzip der Volkssouveränität, sondern vor allem in der Darstellung des Staatszwecks: Zweck des Staates ist die Garantierung und der Schutz der Rechte, durch die das Einzelindividuum „natürlich“ definiert ist. Dies sind die wichtigsten Grundsätze, die die Herausbildung eines neuen Gesellschaftssystems – Stein nennt es „volkswirtschaftliche Gesellschaft“ – möglich machten. Sie führten einige Jahre später auch zu einer ganz neuen Privatrechtsordnung, zum napoleonischen Code civil, dessen Hauptprinzipien – Rechtsgleichheit, Freiheit der Individualsphäre und Vertragsfreiheit, Rechtssicherheit und Systematisierung der Rechtsnormen – prototypisch die politisch-rechtlichen Grundbedingungen formulieren, die die Entfaltung der Industriegesellschaft in Europa möglich machten.

III. Proto-industrielle Produktionssysteme – das Verlagssystem und die Manufaktur

Dem Maschinen- und Fabriksystem der europäischen Industrialisierung gingen frühkapitalistische Produktionsformen voraus, die für die Entwicklung dieser Systeme von nicht zu unterschätzender Bedeutung waren. Zwei solcher ‚proto-industrieller' Produktionsformen verdienen ein besonderes Interesse: das Verlagssystem und die Manufaktur. Das Verlagssystem deswegen, weil es, gegen den Traditionalismus des Zunfthandwerks, Grundmerkmale des Lohnarbeitsverhältnisses verbreitete und Arbeitsstrukturen begründete, in denen sich ‚moderne' und traditionelle Elemente in eigenartiger Weise vereinigten. Und die Manufaktur, weil in ihr arbeitsorganisatorische Prinzipien und Prozesse entdeckt wurden, die konstitutiv für Grundformen moderner Fabrikarbeit wurden. Im vorindustriellen Europa wurden Manufakturen – zentralisierte Produktionsstätten auf handwerklicher Basis – entwickelt, die auf einer hochgradig artifiziellen Struktur von Arbeitsteilung beruhten und Produktionsrhythmen durchsetzten, die zentrale Formmerkmale der maschinenbestimmten Arbeit antizipierten. Auch für die Begründung industrieller Muster der Arbeits- und Zeitdisziplin waren Manufakturen bedeutsam: Sie waren eine der Grundbedigungen, die die ‚Erfindung' des Fabriksystems in Europa möglich machten.

1. Das Verlagssystem

„Verlagssystem" ist die Bezeichnung für eine im vorindustriellen Europa weitverbreitete Form unternehmerabhängiger

Heimarbeit, die außerhalb der strengen Zunftordnungen von zumeist landsässigen Produzenten ausgeübt wurde (zur Struktur und Verbreitung des Verlagssystems vgl. v.a. Medick, in: Kriedte u.a. 1978; Braun 1979). Wir werden später am Beispiel der deutschen Entwicklung aufzeigen, daß und warum das Verlagswesen gerade in der Ära der Frühindustrialisierung einen massiven Expansionsschub erlebte, dem dann ab dem letzten Drittel des 19. Jahrhunderts der Abstieg zu einem bedeutungslosen Segment des Produktionssektors folgte.

Was waren die Grundmerkmale des Verlagssystems? Bereits ein oberflächlicher Blick zeigt, daß hier Grundelemente des modernen Lohnarbeitsverhältnisses verwirklicht waren: Arbeiter, außerhalb der Zunftordnungen stehend, produzierten im Rahmen eines Vertragsverhältnisses für Privatunternehmer, die das Rohmaterial lieferten und die geleistete Arbeit auf Stücklohnbasis bezahlten. Oftmals waren auch die Produktionsmittel (der Webstuhl zum Beispiel) durch Verschuldung der Arbeiter in den Besitz des Unternehmers übergegangen. Auch hinsichtlich der Monotonie der Arbeit wies die Verlagsarbeit Ähnlichkeiten mit moderner Lohnarbeit auf, denn die Unternehmer teilten häufig die verschiedenen Arbeitsgänge des Gesamtprozesses (etwa Spinnen, Weben, Walken, Färben) zwischen verschiedenen Produzenten auf. In zwei Punkten freilich unterschied sich die Verlagsarbeit von den gängigen Formen moderner Produktion: Der Arbeiter produzierte zuhause, unter seinem Dach, und in den Arbeitsprozeß war seine gesamte Familie eingeschlossen (vgl. Medick, in: Kriedte u.a. 1978). Im Verlagssystem waren also Elemente traditioneller und moderner Produktionsverhältnisse miteinander verquickt, und aus dieser Verquickung entstanden Arbeitsmuster der Heimarbeiter, die sich von denen, die für moderne zentralisierte Produktionsstätten charakteristisch sind, deutlich unterschieden. Ich will diese Unterschiede an einigen Phänomenen verdeutlichen.

1.1 Arbeitszeitrhythmen

In der Literatur wird oft erwähnt, daß sich bei den Heimarbeitern – und zwar in verschiedenen Ländern – ein Arbeitsrhythmus durchsetzte, der von modernen Arbeitszeitrhythmen stark abweicht. Thompson hat Merkmale dieses Arbeitsrhythmus plastisch beschrieben: „(Es gab) einen unregelmäßigen Zyklus der Arbeitswoche, ja des Arbeitsjahrs... Montags oder dienstags ratterte der Handwebstuhl nach althergebrachter Weise: immer langsam voran, immer langsam voran (plenty of time, plenty of time) am Donnerstag und Freitag: ein Tag zu spät, ein Tag zu spät (a day t' lat, a day t' lat). Die Versuchung, morgens eine Stunde später aufzustehen, verlängerte die Arbeit in den Abend hinein... Auch der blaue Montag wurde ganz allgemein ... gefeiert.“ (Thompson 1980, 45f.).

Ich will zunächst einige Hinweise zur Erklärung des von Thompson skizzierten Arbeitsrhythmus geben und danach diesen selbst noch etwas genauer beschreiben. Eindeutig vorgegeben ist dem Heimarbeiter nur ein sehr grober Zeitrahmen für seinen Arbeitsprozeß: sein Anfangs- und Endpunkt, die mit den Besuchsterminen des Unternehmers zusammenfallen. Da aber diese Termine weit auseinander liegen, steht dem Produzenten ein großer Dispositionsspielraum für die genaue Einteilung seiner Arbeitszeit zur Verfügung. Er nutzt diesen Dispositionsspielraum, um die Arbeit für den Unternehmer, die wegen ihrer Monotonie ungern getan wird, zunächst klein zu halten. Mit Näherrücken des Besuchstermins des Unternehmers wird der diesem zustehende Arbeitszeitanteil sukzessiv vergrößert, um sich am Ende des Arbeitszyklus zu einer maximalen Anspannung der Arbeitskraft auszuweiten, die mit der Ware-Geld- Transaktion abrupt endet und in ihr Gegenteil – die Entspannung durch Nichtstun – umschlägt.

Die gerade entworfene Skizze des Arbeitszeitrhythmus des Heimarbeiters ist noch recht unvollständig, weil dabei garnicht berücksichtigt wurde, daß die Gesamtarbeit von Heimarbeitern mit ihrer Lohnarbeit für den Unternehmer keineswegs zusammenfiel. Denn Heimarbeiter hatten fast immer noch andere Subsistenzquellen als die Lohnarbeit, sie hätten ohne den Ertrag landwirtschaftlicher und handwerklicher Tätigkeiten auf ihrem kleinen eigenen Grund und Boden kaum überleben können (vgl. Thompson 1980; Medick, in: Kriedte u.a. 1978). Das aber bedeutet, daß die Gesamtarbeit eines Heimarbeiters qualitativ vielfältig war, sie bestand aus der monotonen Auftragsarbeit für den Unternehmer und Arbeiten verschiedenen Gehalts, die er für sich selbst verrichtete. Zudem war der wöchentliche Arbeitszeitrhythmus dieser Produzenten ganz wesentlich durch den Wechsel der Zeitanteile von fremdbestimmten und eigenbestimmten Arbeiten an der täglichen Arbeitskraftverausgabung konstituiert. Konkret: Je entfernter der Termin des Unternehmerbesuchs, desto größer war der Anteil der vielfältigen eigenbestimmten Arbeiten, die freilich am Ende des Arbeitszyklus gänzlich durch die monotone Tätigkeit für den Unternehmer ersetzt wird. Charakteristisch für den Arbeitszeitzyklus des Heimarbeiters ist nicht nur die unterschiedliche Länge der täglichen Gesamtarbeit, sondern ebenso das täglich wechselnde Zeitquantum von eigen- und fremdbestimmten Tätigkeiten.

1.2 Zur Arbeitsauffassung und Bedürfnisstruktur der Heimarbeiter

Wir haben gerade aufgezeigt, wie sehr die Arbeitsrhythmen von Heimarbeitern von den gleichmäßigen Arbeitsrhythmen moderner Lohnarbeit differierten. Im folgenden wollen wir noch einen anderen Unterschied skizzieren, der in der Literatur ebenfalls häufig hervorgehoben wird: Die „unmoderne" Auffassung von Arbeit, die die Heimarbeiter unter vorindustriellen Sozialverhältnissen hatten. Diese anders geartete Arbeitsauffassung ist weniger eine Folge der dezentralisierten Struktur des Verlagssystems, die den unregelmäßigen Arbeitsrhythmus ermöglichte, sondern sie ist – so die These – zuvörderst durch das zweite traditionelle Element dieser Produktionsform – seine familienwirtschaftliche Komponente – bedingt. Daß „Arbeitszeit Geld ist" war den auf Stücklohnbasis bezahlten Heimarbeitern natürlich sehr bewußt, aber sie waren keineswegs willens, gewohnte Arbeitszeitquanta nur eines höheren Lohnes wegen zu überschreiten. Anstatt in Zeiten der Hochkonjunktur ihre Arbeitsverausgabung zu erhöhen – wie die Unternehmer wünschten –, arbeiteten sie weniger, nur so lange, wie zum Erhalt eines Entgelds erforderlich war, das die Aufrechterhaltung eines traditionell vorgegebenen Bedürfnisstandards sicherte (vgl. Landes 1973, 65ff.). Es spricht viel für die von Medick (in: Kriedte u.a. 1978, 97ff.) vertretene These, daß dieses marktwirtschaftlich „irrationale" Verhalten eine Konsequenz dessen war, daß im Heimarbeiterhaushalt Regulative des Handelns in modifizierter Form weiterwirkten, die für die traditionelle Familienwirtschaft des bäuerlichen „ganzen Hauses" typisch waren. In Anlehnung an Chayanov (1966), Otto Brunner (1980) und Medick (in: Kriedte u.a. 1978, 97ff.) seien zunächst kurz Grundcharakteristika der traditionellen bäuerlichen Familienwirtschaft skizziert.

Im bäuerlichen „ganzen Haus“ waren Produktion, Konsum und generative Reproduktion funktional aufeinander bezogene Größen innerhalb eines familialen Gesamtsystems, dessen Hauptzweck die Sicherstellung eines tradierten Bedürfnisstandards war. Der Einsatz der familialen Gesamtarbeitskraft und ebenso heirats- und erbrechtliche Regelungen waren auf diesen Zweck bezogen. Freilich: Der traditionelle Bedürfnisstandard war keine völlig einseitig das Arbeitsverhalten der Familie bestimmende Größe, er konnte umgekehrt auch aufgrund einer bestimmten Auffassung von „Arbeit“ modifiziert werden. Arbeit wurde nicht als ein Wert an sich angesehen, sondern als etwas beschwerliches, das einzuschränken sei, soweit es möglich ist. Aus dieser Arbeitsauffassung und dem Prinzip der Sicherstellung des tradierten Bedürfnisstandards resultierte das Verhältnis zwischen Arbeit und Konsum: Wenn günstige Verhältnisse eine schnellere Sicherstellung des tradierten Bedürfnisstandards ermöglichten, senkte die Familie ihren Arbeitsaufwand. Umgekehrt erhöhte sie ihn, wenn widrige Umstände dies erzwangen, aber diese Erhöhung endete an einer bestimmten Schwelle: Die Arbeitsauffassung ließ eine Steigerung des Arbeitsaufwandes zu einer abnorm hohen Leistung nicht zu, was zu einer Senkung des Bedürfnisstandards führte.

Von den gerade grob skizzierten Merkmalen der traditionellen bäuerlichen Familienwirtschaft wirkten einige in modifizierter Form im gänzlich marktabhängigen Heimarbeiterhaushalt fort, und diese Synthese von Elementen moderner Lohnarbeit mit familienwirtschaftlichen Mustern bot den Unternehmern keineswegs nur Nachteile. Die Nachteile – der unregelmäßige Arbeitsrhythmus, die Einschränkung des familialen Arbeitsaufwandes, wenn steigender Lohn die traditionellen Subsistenzbedürfnisse schneller zu befriedigen gestattete – wurden von einer Reihe von Vorteilen für den Unternehmer aufgewogen, von denen die Tendenz zur Selbstausbeutung (ausführlich hierzu: Medick, in: Kriedte u.a. 1978, 100ff.) der bedeutsamste ist. Die Tendenz zur Selbstausbeutung ist nicht nur für das Verhalten der Heimarbeiterfamilie in Zeiten schlechter Konjunktur bestimmend, sondern sie ist ein integraler Bestandteil der familienwirtschaftlichen Komponente des Verlagssystems selbst: Da im Verlagssystem der Arbeitsaufwand der ganzen Familie zur Subsistenzsicherung eingesetzt werden muß, basiert das Verlagssystem im Vergleich zum entwickelten Kapitalismus (hier fließen in die Berechnung des Arbeitslohns Unterhaltskosten für nicht produzierende Familienmitglieder ein) auf „falschen" individuellen Produktionskosten.

2. Die Manufaktur

Im folgenden möchte ich etwas ausführlicher auf eine andere vorindustrielle, gleichwohl bereits als „kapitalistisch" zu bezeichnende Produktionsform eingehen: auf die sogenannte Manufaktur. Ausführlicher deshalb, weil in dieser zentralisierten Produktionsstätte neuartige arbeitsorganisatorische Muster, die zugleich Grundmerkmale einer spezifisch modernen Arbeits-Zeitdisziplin einschlossen, entwickelt wurden. Es handelt sich bei dieser Arbeitsorganisation um einen Typus von Arbeitsteilung, den man am besten als „prozessuale" Arbeitsteilung (vgl. Popitz 1992, 170f.) bezeichnet. Zwar wurden Grundformen dieser Arbeitsteilung lange vor der Existenz neuzeitlicher Manufakturen praktiziert, aber erst in diesen Produktionsstätten wurden die Potenzen, die in der prozessualen Arbeitsteilung stecken, systematisch erkannt und genutzt. Außer Marx, auf dessen Analyse der Manufaktur wir noch eingehen werden, hat vor allem Werner Sombart in seinem monumentalen Werk „Der moderne Kapitalismus" auf die Bedeutung dieser Produktionsform im Frühkapitalismus hingewiesen. Sombart schreibt: „Wenn auch keineswegs...die einzige, so doch zweifellos eine sehr wichtige Form des gewerblichen Großbetriebs im Zeitalter des Frühkapitalismus war die Manufaktur... Man hat wohl gesagt: Von Manufakturen im Unterschied zu Fabriken zu reden, sei eine <willkürliche Begriffsspalterei>. Nichts ist irrtümlicher als diese Ansicht. Der Begriff Manufaktur in dem hier verstandenen Sinne ist vielmehr unentbehrlich für das Verständnis der modernen industriellen Entwicklung, ihrer theoretischen und praktischen Probleme... (Man muß begreifen), daß Großbetrieb und Fabrik ebensowenig dasselbe sind wie daß Großbetrieb und Handarbeit sich nicht ausschließen: Das kann man aber nur mit Hilfe eines Begriffes, der

Großbetrieb und Handarbeit vereint, und das ist der der Manufaktur" (Sombart 1916, Bd. II, 758).

Wir bezeichneten anfangs die Manufaktur als Produktionsform des „kapitalistischen" Typs, aber diese Aussage bedarf einer gewissen Modifikation: Gerade die bedeutendsten Manufakturen im vorindustriellen Kontinentaleuropa beruhten nicht auf einem „freien" Arbeitsmarkt, sondern waren Produkte des merkantilistischen Wirtschaftssystems, das das Marktgeschen und die Produktionstechniken hochgradig reglementierte; sie waren in einer Weise mit dem absolutistischen Staat verbunden, die es nur erlaubt, sie als Frühformen kapitalistischer Erwerbssysteme zu bezeichnen. Viele Manufakturen waren vom absolutistischen Staat gegründet oder privilegiert, und sie produzierten Waren, deren Hauptabnehmer der Staat war: Luxusgüter und Produkte zur Ausstattung des absolutistischen Heeres (vgl. Sombart 1916, Bd. II, 841ff.). Natürlich gab es auch – besonders in Großbritannien (vgl. Thompson 1980, 50f.) – Manufakturen, die den Grundkriterien für den Gebrauch des Kapitalismusbegriffs weitgehend entsprachen, aber die bedeutendsten Manufakturen waren staats- und privatwirtschaftliche Mischformen, Betriebe, in denen unter staatlicher Protektion gewissermaßen Grundregeln innerbetrieblichen kapitalistischen „know hows" erlernt wurden.

3. Manufaktur und Arbeitsteilung

3.1 „Vorteile" der Arbeitsteilung

Manufakturen beruhten auf der Konzentration einer Vielzahl von Produzenten unter einem Dach, und diese Konzentration war die Grundvoraussetzung dafür, daß in dieser Produktionsstätte die Potenzen prozessualer Arbeitsteilung systematisch genutzt und zugleich Grundmuster moderner Arbeits-Zeitdisziplin durchgesetzt werden konnten.

Im folgenden sollen die Vorteile des Prinzips der prozessualen Arbeitsteilung genauer untersucht werden. Als Aufhänger wähle ich das klassische Beispiel von Adam Smith (1723-1790), mit dem er sein Hauptwerk „An inquiry into the nature and causes of the wealth of nations" einleitet.

„Wir wollen ... als Beispiel (für die Vorteile der Arbeitsteilung) die Herstellung von Stecknadeln wählen, ein recht unscheinbares Gewerbe, das aber schon häufig zur Erklärung der Arbeitsteilung diente... (Die Stecknadelherstellung) zerfällt...in einer Reihe getrennter Arbeitsgänge, die zumeist zur fachlichen Spezialisierung geführt haben. Der eine Arbeiter zieht den Draht, der andere streckt ihn, ein dritter schneidet ihn, ein vierter spitzt ihn zu, ein fünter schleift das obere Ende, damit der Kopf aufgesetzt werden kann. Auch die Herstellung des Kopfes erfordert zwei oder drei getrennte Arbeitsgänge. Das Ansetzen des Kopfes ist eine eigene Tätigkeit, ebenso das Weißglühen der Nadel, ja, selbst das Verpacken der Nadeln ist eine Arbeit für sich. Um eine Stecknadel anzufertigen, sind somit etwa 18 verschiedene Arbeitsgänge notwendig, die in einigen Fabriken jeweils verschiedene Arbeiter besorgen, während in anderen ein einzelner zwei oder drei davon ausführt. Ich selbst habe eine kleine Manufaktur dieser Art gesehen, in der nur zehn Leute beschäftigt waren, sodaß einige von ihnen zwei oder drei solcher Arbeiten übernehmen mußten ... Rechnet man für ein Pfund über 4.000 Stecknadeln mittlerer Größe, so waren die 10 Arbeiter imstande, täglich etwa 48.000 Nadeln herzustellen, jeder also ungefähr 4.800 Stück. Hätten sie indes alle einzeln und unabhängig voneinander gearbeitet, noch dazu ohne besondere Ausbildung, so hätte der einzelne gewiß nicht einmal 20, vielleicht sogar keine einzige Nadel am Tag zustandegebracht. Mit anderen Worten, sie hätten mit Sicherheit nicht den zweihundertvierzigsten, vielleicht nicht einmal den vierhundertachzigsten Teil von dem produziert, was sie nunmehr infolge einer sinnvollen Teilung und Verknüpfung der einzelnen Arbeitsgänge zu erzeugen im Stande waren." (Smith 1978, 9f.).

Smith führt drei Ursachen für die produktivitätssteigernde Wirkung der Arbeitsteilung an: Der Detailarbeiter entwickelt ein Höchstmaß an Geschicklichkeit; bei ihm entfallen die durch Positions- und Werkzeugwechsel entstehenden Zeitverluste; und er entdeckt – weil er immerzu nur auf ein Partikel des Arbeitsprozesses konzentriert ist – ganz von selbst Möglichkeiten zur Verbesserung und Vereinfachung seines Arbeitswerkzeugs.

Die von Adam Smith beschriebenen Effizienzvorteile der Arbeitsteilung sind zweifellos bedeutsam, aber sie sind nicht ausreichend. Es gibt noch einen anderen „Kostenvorteil" prozessualer Arbeitsteilung, der ihre Verknüpfung mit Grundprinzipien kapitalistischer Produktion besonders eindrücklich zu illustrieren vermag. Man erkennt diesen Vorteil am ehesten, wenn man zunächst einmal von den Effizienzvorteilen Adam Smith's abstrahiert und von der Annahme ausgeht, daß ein einziger Arbeiter genausoviele Produkte in derselben Zeit herzustellen imstande wäre wie verschiedene Detailarbeiter. Selbst dann wäre die Aufteilung des Produktionsprozesses nach den Prinzipien prozessualer Arbeitsteilung für einen Unternehmer aus Lohnkostengründen vorteilhaft. Der bedeutende englische Nationalökonom und Mathematiker Charles Babbage (1792-1871) war der erste, der dies reflektiert hat. In seinem Buch „On the economy of machines and manufactures" (deutsch: Über Maschinen und Fabrikwesen, 1833) sammelt und systematisiert er zunächst alle Argumente anderer Autoren über die Vorteile der Arbeitsteilung, bevor er zu seinem Zentralargument kommt. Bisher, so Babbage, seien noch garnicht die Konsequenzen des Faktums erkannt worden, daß Arbeitsteilung eine Zerlegung des Produktionsprozesses in unterschiedlich diffizile Einzeltätigkeiten, die sehr verschiedene Qualifikationsniveaus der Arbeitskräfte erfordern, nach sich ziehe. Entsprechend ermögliche Arbeitsteilung – und das sei einer ihrer Hauptvorteile – eine Staffelung des Lohnniveaus. Derselbe Arbeitsprozeß, ausgeführt in derselben Zeit von nur einer hochqualifizierten Arbeitskraft, sei viel teurer, denn die *Gesamtarbeitszeit* dieses Arbeiters müßte auf der Basis desjenigen Lohnniveaus entgolten werden, das dem schwierigsten Teil des Gesamtprozesses entspricht (zur Analyse des ‚Babbage-Prinzips' vgl. auch Braverman 1977, 70ff.). Ein Beispiel: Gesetzt, ein Arbeitsprozeß enthalte drei dreistündige Teilprozesse, die unterschiedliche Qualifikationsniveaus erfordern. Wird dieser Prozeß von drei Einzelarbeitern verrichtet, dann lassen sich ihre Einzellöhne abstufen. Ein hochqualifizierter Arbeiter aber, der in derselben Zeit dieselbe Produktenmenge herstellt, müßte für 9 Stunden auf einem Lohnniveau bezahlt werden, das nur einem dreistündigen Teil des Gesamtprozesses entspricht. Kurz: Prozessuale Arbeitsteilung ist auf die Bedürfnisse kapitalistischer Produktion optimal zugeschnitten, weil sie Effizienzvorteile (Adam Smith) und Lohnkosteneinsparungen (Charles Babbage) ermöglicht.

3.1.1 Prozessuale Arbeitsteilung und Arbeits-Zeitdisziplin

Nachdem wir die „Vorteile" prozessualer Arbeitsteilung behandelt haben, soll das Phänomen selbst etwas genauer betrachtet werden. Dabei geht es uns vor allem um eine Analyse der arbeitsorganisatorischen Potenzen, die diese Arbeitsteilung in sich birgt. Um diese in den Blick zu bekommen, konstruieren wir das Modell einer „perfekten Manufaktur", d.h. eines Produktionssystems, das auf einer „perfekten" Form prozessualer Arbeitsteilung beruht.

Methodisch kommt ein derartiges Modell dadurch zustande, daß man erstens aus der Wirklichkeit bestimmte Zusammenhänge selegiert, diese dann zweitens stilisiert – man treibt sie gedanklich sozusagen in ihre letzte Konsequenz –, und daß man drittens diese selegierten und stilisierten Elemente so zusammenfügt, daß ein in sich geschlossenes Gedankengebilde entsteht. So entsteht ein Systemmodell, das der Wirklichkeit nur partiell entspricht. Ein derartiges Modell dient als Erkenntnisinstrument und als Demonstrationsobjekt (vgl. Bahrdt 1987, 121).

Bei diesem Typus von Arbeitsteilung sollte man zunächst seine prozessuale Dimension reflektieren. Das meint: Hier verrichten verschiedene Produzenten nicht beziehungslos zueinander Verschiedenes, sondern sie tun Verschiedenes als Teile eines zusammenhängenden Arbeitsablaufs. Ungleichartige Leistungen sind in einem zusammenhängenden Arbeitsprozeß miteinander koordiniert, das gewünschte Produkt kommt nur zustande, weil mehrere Menschen zusammenwirkend Verschiedenes tun. Voraussetzung dafür, daß diese Koordination zu einem kontinuierlichen Produktionsfluß führt, ist eine genaue zeitliche Abstimmung der einzelnen Funktionen. Die einzelnen Produktionsvollzüge müssen zeitlich so festgelegt sein, daß sich die einzelnen Hände wirklich in die Hand arbeiten, daß die eine nicht ruhen muß, weil die andere zu langsam greift. Damit dieses In-die-Hand-Arbeiten zustandekommen kann, bedarf es einer gewissen Standardisierung der einzelnen Arbeitsschritte, denn nur in relativ gleichartiger Weise ausgeübte Funktionen können in gleichen Zeiteinheiten verrichtet werden (vgl. Marx, MEW 23, 365f.). Eine Arbeitsteilung wirklich prozessualen Charakters wird erst möglich durch Zeit- und Tätigkeitsnormierungen der Detailfunktionen, durch die Begründung einer – verglichen mit den Arbeitsrhythmen der Heimarbeiter – Arbeits-Zeitdisziplin neuen Typs. Sigfried Giedion schildert am Beispiel eines im Jahre 1804 beschriebenen manufakturiellen Arbeitsablaufes ein „perfektes" System prozessualer Arbeitsteilung: „Die Herstellung von Schiffszwieback, wie sie im Victualling Office in Deptford vorgenommen wird, ist eigenartig und interessant. Der Teig, der nur aus Wasser und Mehl besteht, wird mittels einer großen Maschine geknetet. (...) Er wird an einen zweiten Arbeiter weitergegeben, der ihn mit einem großen Messer für den Bäcker in Scheiben schneidet. Es sind fünf Bäcker vorhanden. Der erste formt die Zwiebacke, zwei zugleich. Der zweite stempelt sie und wirft sie dem Zerschneider zu, der sie teilt und dem vierten weitergibt. Dieser beliefert den Ofen, und seine Arbeit, das Brot auf die Backschaufel zu laden, erfordert eine derartige Exaktheit, daß er nicht einmal einen Augenblick wegblicken kann. Der fünfte erhält die Zwiebackmasse auf der Backschaufel und ordnet sie im Ofen an. Die Aufgabe besteht darin, 70 Zwiebacke pro Minute in den Ofen zu schieben, und dies geschieht mit der Regelmäßigkeit einer Uhr, wobei das Geklapper der Backschaufel wie die Bewegung eines Uhrpendels zumutet" (Giedion 1982, 112f.). Derartige Arbeitsprozesse wie die hier beschriebenen stellen einen „Produktionsmechanismus (dar), dessen Organe Menschen sind" (Marx, MEW 23, 358), sie antizipieren auf rein handwerklichem Niveau Maschinen- und Fließbandabläufe: Wie ein Maschinenteil wirkt die menschliche Hand in endlos gleichförmigen Bewegungen auf das Produktionsobjekt, das sie – wie ein Fließband – in immer gleichen Zeitintervallen in die Hand des Nebenmannes weiterleitet. Interesse verdient, daß das Fließbandprinzip tatsächlich zuerst in Produktionssystemen ausgeführt wurde, die auf prozessualer Arbeitsteilung rein handwerklichen Niveaus beruhten (vgl. Giedion 1982, 118ff.).

Wir können unsere bisherigen Überlegungen zu den neuartigen Mustern der Arbeitsorganisation und Disziplin, die in der Manufaktur im Vergleich zum Verlagssystem entwickelt werden, folgendermaßen zusammenfassen: Die Manufaktur als zentralisierte (d.h. eine Vielzahl von Produzenten unter einem Dach konzentrierende) Produktionsform begründet eine neue zeitliche Grobstruktur des Tages – seine schematische Aufgliederung in aufeinander abgestimmte Zeitblöcke für die Arbeit, Mahlzeiten und die „Freizeit". Zugleich erzeugt sie, weil sie auf prozessualer Arbeitsteilung beruht, eine neuartige zeitliche Feinstruktur der Arbeit: Die Detailarbeiter müssen gleichbleibende Tätigkeitsmuster in gleichbleibenden Zeiteinheiten verrichten, um einen kontinuierlichen Produktionsfluß dieses „lebendigen Mechanismus" zu gewährleisten (vgl. hierzu und zum folgenden: Pohlmann 1987, 54ff.; Marx, MEW 23, 358ff.; Braverman 1977, 63ff.).

3.1.2 Die Gliederung der Produzenten im System prozessualer Arbeitsteilung

Auf die zu einem prozessualen Gesamt miteinander verknüpften manufakturiellen Arbeitsgänge entfallen unterschiedliche Zeitquanten. Dies impliziert: Soll jeder Detailarbeiter den ganzen Tag über gleichförmig mit demselben Arbeitsvollzug beschäftigt werden, dann müssen den einzelnen Produktionsstufen eine je unterschiedliche Anzahl von Arbeitern zugeordnet werden – die langen Arbeitsgänge erfordern mehr Detailarbeiter als die kurzen. Manche Produktionsstufen im prozessualen Gesamtsystem sind also mit mehreren Arbeitern besetzt, die gleiches in gleicher Zeitlichkeit tun. Prozessualer Arbeitsteilung in größerem Maßstab ist also das Prinzip der einfachen Kooperation als untergeordnetes Element integriert. Die verschiedenen Tätigkeitsfragmente des Gesamtprozesses sind natürlich nicht nur unterschiedlich lang, sie differieren auch hinsichtlich ihrer Komplexität und Kompliziertheit, sie erfordern also eine je verschiedene Qualifikation der Arbeiter. Die Begründung und Verfestigung einer hierarchischen Staffelung der Arbeitsqualifikationen der Detailarbeiter ist eine notwendige Konsequenz des die Manufaktur bestimmenden Prinzips prozessualer Arbeitsteilung.

Der Begriff der hierarchischen Staffelung der Arbeitsqualifikationen charakterisiert den Gesamtzusammenhang der Manufaktur aber nur unvollständig. Er muß durch ein weiteres Merkmal ergänzt werden, das die prozessuale Arbeitsteilung ab einer gewissen Stufenleiter immer ausbildet. Es ist dies die Polarisierung der Arbeitsqualifikationen, die Abspaltung gänzlich unqualifizierter Tätigkeitsmuster von solchen, die eine mehr oder weniger große Geschicklichkeit verlangen. Denn: Jeder komplexere Arbeitsvollzug birgt in sich immer auch Elemente so einfacher Art, daß jeder Mensch fähig ist, sie sofort und ohne jegliche Schulung auszuführen. Lohnkostenvorteile gebieten es, diese ab einer gewissen Stufenleiter der Produktion aus dem Gesamtzusammenhang auszugliedern und besonderen Arbeitern zuzuweisen. Das heißt: Die Manufaktur scheidet eine Gruppe gänzlich Unqualifizierter von Gruppen mehr oder weniger Qualifizierter.

3.2 *Die Verwirklichung der Potenzen prozessualer Arbeitsteilung durch das Taylor-System*

Die Begründung neuartiger Muster der Arbeits-Zeitdisziplin war an einem Systemmodell der Manufaktur illustriert worden, einem Modell, das Konsequenzen und Implikationen prozessualer Arbeitsteilung „rein" erfaßt und in eine gedankliche Ordnung bringt, die in der Wirklichkeit nur als Tendenz vorgebildet ist. Die historischen Manufakturen waren nicht in der Strenge durchorganisiert, wie in dem Modell entwickelt wurde: Die große Abhängigkeit des Manufakturherrn von den handwerklichen Kompetenzen der Arbeiter verhinderte die volle Durchsetzung einer bis in die Details gehenden Arbeits- und Zeitdisziplin. Da der Manufakturherr nur geringe Einblicke in die handwerklichen Fähigkeiten der Arbeiter hatte, war er in seinen Entscheidungen beständig zu Kompromissen mit den Arbeitern gezwungen: „Während der eigentlichen Manufakturperiode (...) stößt die volle Ausführung ihrer eigenen Tendenzen auf vielseitige Hindernisse (...). Da das Handswerksgeschick die Grundlage der Manufaktur bleibt und der in ihr funktionierende Gesamtmechanismus kein von den Arbeitern selbst unabhängiges Skelett besitzt, ringt das Kapital beständig mit der Insubordination der Arbeiter „(Marx, MEW 23, 389). Erst das am Ende des 19. Jahrhunderts entwickelte tayloristische System der Arbeitsorganisation beendete endgültig die Abhängigkeit der Betriebsleitung von den disponierenden und handwerklichen Fähigkeiten der Arbeiter (vgl. hierzu Braverman 1977, 73ff.). Taylors Gedanken, die in seinem Buch „Grundsätze wissenschaftlicher Betriebsführung" (Taylor 1977) zusammengefaßt sind, betreffen kaum die technisch-maschinelle Seite des Produktionsprozesses, sondern vornehmlich diejenige der Arbeitsorganisation. Taylors Ziel ist die Erhöhung der Effizienz der Produktion durch eine „wissenschaftlich" fundierte Umstrukturierung der Arbeitsorganisation. Seine Überlegungen stellen faktisch eine systematische Reflektion der Potenzen, die im manufakturiellen Prinzip prozessualer Arbeitsteilung (vgl. Vahrenkamp, Einleitung zu Taylor 1977) stecken, dar, und sie lassen sich zugleich – wenn man sie auf ihren Grundgehalt reduziert – als historisch erste Fixierung moderner Management-Methoden begreifen.

Ausgangspunkt der Taylor'schen Überlegungen zur Umstrukturierung der Arbeitsorganisation ist die Beobachtung, daß im herkömmlichen Produktionsprozeß die einzelnen mit individuell verschiedenen „Faustregeln" arbeiten. „(Es) laufen eine Unmenge verschiedener Ausführungsmethoden für ein und dieselbe Arbeit nebeneinander her, manchmal 40, manchmal 50, manchmal 100 verschiedene Methoden zur Erzielung desselben Zwecks ..., (aber) unter diesen verschiedenen Methoden gibt es immer nur eine Methode und ein Werkzeug, schneller und besser als die übrigen ... (Taylor 1977, 27). Die Wissensvorsprünge der Arbeiter hinsichtlich des „Wie" der Produktion vereiteln die exakte Kontrolle der Feinstruktur der Arbeit und erschweren die Einführung neuer arbeitsorganisatorischer Methoden zur Steigerung der Effizienz. Taylor entwickelt drei „Grundsätze" (vgl. hierzu auch Braverman 1977, 93ff.), um diesen Zustand zu beenden:

1. Ein Kopfarbeiterstab soll den Arbeitsprozeß wissenschaftlich untersuchen, soll einzelne Arbeitsmethoden klassifizieren und miteinander im Hinblick auf die effizienteste Methode miteinander vergleichen. Mittel zur Erkenntnis der effizientesten Methoden sind vor allem Bewegungs- und Arbeitszeitstudien: Bewegungsstudien sollen die „geeignetsten" Bewegungsmuster für die einzelnen Arbeitsgänge und Arbeitszeitstudien die „Normalzeiten" für ihre Ausführung festlegen.
2. Auf der Basis der Erkenntnis der effizientesten Methoden findet eine Neustrukturierung des Arbeitsprozesses durch den Planungsstab statt, d.h. die Arbeitskonzeption und ihre Ausführung (vergröbert: Hand- und Kopfarbeit) werden völlig voneinander getrennt, die Konzeption wird zum Monopol eines Management-Stabes.
3. Anhand dieser Konzeption werden die Arbeiter genauestens angeleitet, was sie wie in welcher Zeit zu tun haben. Damit wird eine präzise Kontrolle der Produktion möglich.

Max Weber hat die Grundprinzipien des Taylor-Systems prägnant beschrieben: „Die Betriebsdisziplin (...) kalkuliert (...) mit Hilfe geeigneter Messungsmethoden den einzelnen Arbeiter ebenso nach seinem Rentabilitätsoptimum wie irgend ein sachliches Produktionsmittel (...). Hier wird der psychophysische Apparat des Menschen völlig den Anforderungen, welche (...) die Funktion an ihn stellt, angepaßt, seines, duch den eigenen organischen Zusammenhang gegebenen Rhythmus entkleidet und unter planvoller Zerlegung einzelner Muskeln und Schaffung einer optimalen Kräfteökonomie den Bedingungen der Arbeit entsprechend neu rhythmisiert“ (Weber 1972, 686). Damit erreicht die rationale Kalkulierbarkeit und Kontrollierbarkeit des Produktionsprozesses – auf rein arbeitsorganisatorischer Ebene – ihre höchste Ausformung. Mit quasi naturwissenschaftlicher Strenge wird ein Partikel der Arbeitskraft der Produzenten umgeformt und an die ebenso objektivierten Partikel anderer Arbeiter angeschlossen.

Zusammenfassend: Erst mit Taylor erreicht das manufakturielle Prinzip der Arbeitsteilung seine letzte Konsequenz. Taylor trennt sozusagen den Kopf der Produzenten von ihren Händen, er sondert alle planenden, disponierenden Aspekte der Arbeit von den bloß ausführenden und ermöglicht dadurch eine bis ins letzte Detail gehende Kalkulierbarkeit und Kontrollierbarkeit des Produktionsprozesses.

IV. Die moderne Naturwissenschaft als Grundbedingung der Industrialisierung

Grundvoraussetzung der die Industrialisierung auslösenden technologischen Innovationen war die moderne Naturwissenschaft, deren Grundlagen im 16. und 17. Jahrhundert gelegt wurden. Worin besteht ihre konstitutive Bedeutung, welche Aspekte sind für eine Reflektion des Verhältnisses zwischen Wissenschaft und frühindustrieller Technologie bedeutsam?

Zunächst sei darauf hingewiesen, daß das Verhältnis zwischen institutionalisierter Naturwissenschaft und Technik zu Beginn der industriellen Revolution noch recht locker war. Die Erfindung und Nutzbarmachung der neuen Spinn-, Web- und Dampfmaschinen war nicht das Werk professioneller Wissenschaftler, sondern genialer handwerklicher Bastler und Tüftler (vgl. Landes 1973, 69ff.; Bell 1976, 13), weshalb man die erste Industrialisierungsphase manchmal auch als „vorwissenschaftliche" Phase der industriellen Technologie bezeichnet hat. Erst ab der Mitte des 19. Jahrhunderts beginnt das Zusammenspiel zwischen institutionalisierter Wissenschaft und Technik, ein Zusammenspiel, das sich im 20. Jahrhundert zu einer institutionalisierten Arbeitsteilung entwickelte, welche die technologische Praktikabilität der Naturwissenschaften unendlich steigerte und zur zentralen Achse der Industriegesellschaft wurde.

Die Bezeichnung der Innovationsphase der Technologie der Maschine zu Beginn der Industrialisierung als „vorwissenschaftlich" darf freilich nicht zu dem Mißverständnis führen, die Naturwissenschaft sei irrelevant für die industrielle Revolution gewesen. Denn die „genialen Bastler" konstruierten ihre Schöpfungen selbstverständlich auf der Basis der kognitiven Schemata, die im 16. und 17. Jahrhundert das moderne naturwissenschaftliche Denken begründeten. Diese waren eine

Grundbedingung der Möglichkeit der industriellen Revolution, und ich will im folgenden versuchen, die Eigenart dieser kognitiven Schemata in einigen Stichpunkten zu umreißen.

1. Die Hauptmerkmale der naturwissenschaftlichen Denkform

Erwähnen wir zunächst die Grundvoraussetzung für die Entstehung der modernen Naturwissenschaft: den Willen zur Naturbeherrschung. Dieser Wille wurde in der frühen Neuzeit von einzelnen Denkern dezidiert formuliert. Ich erinnere nur an den vielzitierten Satz von Francis Bacon vom „maître et possesseur de la nature“, ein Satz, der ähnlich von Descartes geäußert wurde. Ich bin früher auf die christlichen Wurzeln dieses Beherrschungswillens eingegangen, habe ausgeführt, daß spätestens seit der Renaissance das christliche „Macht euch die Erde untertan“ als konkreter Auftrag empfunden wurde. Dieser Beherrschungswille war ein wesentlicher Impuls für die Entstehung der modernen Naturwissenschaft, aber die Frage, warum mittels der Wissenschaft dieser Beherrschungswillen so erfolgreich hat werden können, verweist uns auf die Bestimmung der Grundelemente der im 16. und 17. Jahrhundert sich entfaltenden naturwissenchaftlichen Denkstruktur. Ich gebe eine Kurzcharakterisierung der drei Hauptmerkmale, deren Einheit das naturwissenschaftliche Erkenntnisverfahren kennzeichnet.

1. Naturwissenschaftliches Denken begründet den Primat kontrollierter Erfahrung, wie er sich im systematischen Experimentieren zeigt, über alle anderen Arten gedanklicher Erfassung von Natur. Im Experiment werden einzelne Elemente aus komplexen Naturzusammenhängen isoliert und systematisch manipuliert, wobei ihre wechselnden Relationen mathematisch fixiert werden. Ziel des Experiments ist das „Naturgesetz“ – die mathematische Formel für einen unter gleichen Randbedingungen beliebig wiederholbaren Effekt. Trotz aller investierten Kopfarbeit und trotz des rein theoretischen Ziels naturwissenschaftlichen Experimentierens ist praktisch-technisches Handeln ein konstitutiver Bestandteil dieses Erkenntnisverfahrens, und bis vor noch garnicht langer Zeit war der experimentierende Naturwissenschaftler meist auch ein guter

Techniker, denn für das eigentliche Experiment waren oft mühselige und zeitraubende Vorarbeiten nötig, die handwerklich-technische Geschicklichkeit und gute Materialkenntnis erforderten (vgl. Ullrich 1979, 127ff.).

Die konstitutive Rolle der Naturwissenschaft für die die Industrialisierung auslösenden technischen Innovationen wird erst dann ganz deutlich, wenn man bedenkt, daß die enorme Praktikabilität, die technische Anwendbarkeit moderner Naturerkenntnis in ihrem Erkenntnisverfahren selbst – im Experiment nämlich – schon beschlossen liegt. Den Gedanken, daß die Technik nicht eine Macht außerhalb der Naturwissenschaft, sondern schon ein ihr integraler Bestandteil ist, hat besonders Arnold Gehlen, von dem ich eine längere Passage zitiere, herausgearbeitet:

„(Die Naturwissenschaften sind in einem doppelten Sinn) der technischen Praxis genähert: einmal sind physikalische Experimentalanordnungen mit Maschinen vergleichbar, und zwar solchen, die keine Nutzeffekte, sondern reine, abstrakt isolierte Naturphänomene produzieren. Schon die schiefe Ebene, auf der GALILEI den verlangsamten Fall beobachtete, ist eine ‚einfache Maschine' dieser Art. Und zweitens hat man kraft der Logik des Experiments einen Naturvorgang, den man isoliert und unter wechselnden Bedingungen beobachtet, eo ipso in der Hand, das Experiment ist der erste Schritt zu seiner technischen Verwendung. Zwei Kulturzweige, die bisher nur auf wenigen Gebieten (so vor allem im Bau nautischer Instrumente, von optischen Geräten und Präzisionswaffen) kooperiert hatten, aber im wesentlichen unabhängig voneinander betrieben wurden, traten nun in die engste methodische Verbindung. Die Technik übernahm von den neuen Naturwissenschaften das atemberaubende Tempo des Fortschritts, diese wieder von jener den praktischen, konstruktiven, unspekulativen Zug. (...)

Heute ist der Zustand erreicht, in dem man die Naturwissenschaften, die Technik und das Industriesystem funktionell im Zusammenhang sehen muß. Die Naturforschung selbst wird durch immer neue technische Hilfsmittel weitergetrieben, die Natur wird technisch aufgebrochen, der Gelehrte muß sich mit dem Techniker verständigen, denn sein Problem definiert die noch nicht vorhandene Apparatur mit, die man braucht, um es zu lösen (...) Die Vorstellung, als ob die Technik ‚angewandte Naturwissenschaft' wäre, ist überholt und altmodisch, vielmehr setzen sich alle drei Instanzen – Industrie, Technik und Naturwissenschaft – gegenseitig voraus" (Gehlen 1957, 12f.).

Das sich zunächst bei ‚Künstler- Handwerkern' in der Renaissance (vgl. Zilsel 1976, 49ff.) entwickelnde systematische Experimentieren war eines der zur modernen Naturwissenschaft führenden Grundelemente, dessen Ausbildung seinerseits nur im Kontext bestimmter Gesellschaftsstrukturen möglich war. Eine der gesellschaftsstrukturellen Voraussetzungen bekommt man in den Blick, wenn man fragt, weshalb sich im antiken Griechenland, wo sich Vorformen anderer Grundelemente der modernen Naturwissenschaft bereits ausgebildet hatten, das systematische Experimentieren kaum entfalten konnte.

Zunächst sei auf die Unvereinbarkeit des Experimentierens mit dem griechischen Erkenntnisideal hingewiesen, einem Ideal, das auf reine, von Praxis jeglicher Art möglichst freizuhaltende Erkenntnis zielte. So schildert etwa Plutarch Platons „Entrüstung" über zwei Wissenschaftler, weil sie mechanische Experimente durchführten und „den Adel und die Reinheit der Mathematik zerstörten und vernichteten, wenn sie aus der unkörperlichen Sphäre des reinen Denkens ins Sinnliche hinabglitt und sich körperlicher Dinge zu bedienen begönne". So, fährt Plutarch fort, „wurde die Mechanik aus der Mathematik verbannt und von ihr abgetrennt, von der reinen Wissenschaft (...) verschmäht, und war so zu einer bloßen militärischen Hilfswissenschaft geworden" (zitiert aus Durant, Bd. IV, 77f.). Dieses Zitat sagt einiges über das griechische Wissenschaftsideal aus, aber es verrät uns noch nicht den Grund für diese Verbannung des Experimentierens aus der Wissenschaft. Die Geringschätzung des Praxisbezugs von Wissenschaft in Griechenland geht wesentlich auf die griechische Diskriminierung von Handarbeit zurück, welche vornehmlich von Sklaven verrichtet wurde; und wir vermuten, daß gerade das Fehlen von Sklavenarbeit in der mittelalterlich-frühneuzeitlichen okzidentalen Stadtentwicklung eine der Bedingungen für die Genese von Formen systematischen Experimentierens war (vgl. Zilsel 1976, 63ff.). Denn das Fehlen der Sklavenarbeit machte – wie Max Weber in seiner Soziologie der mittelalterlichen Stadt ausgeführt hat – die Entstehung eines Bürgertums möglich, dessen Selbstverständnis durch eine positive Auffassung von Arbeit bestimmt war, und diese ermöglichte, daß in der Spätrenaissance „höhere" Handwerker und Künstler-Ingenieure auf den Gebieten der Kriegstechnik, der Architektur, des Schiffsbaus und der Befestigungsanlagen Techniken systematischen Experimentierens, die ins naturwissenschaftliche Erkenntnisverfahren eingingen, entwickeln konnten (vgl. Zilsel 1976, 49ff.).

2. Das zweite für die moderne Naturwissenschaft konstitutive Erkenntniselement ist die Mathematik, und es war insbesondere die Mathematisierung des Experimentierens im 16. und 17. Jahrhundert, die diesem Erkenntnisverfahren den Weg ebnete. Edgar Zilsel hat in seinen Arbeiten über die Ursprünge der neuzeitlichen Wissenschaft überzeugend dargelegt, daß die Naturwissenschaft sich vom Handwerk, dem sie das Experimentieren verdankte, erst dann unüberbrückbar trennte, als die mathematische Fixierung experimentellen Tuns zum Grundkriterium naturwissenschaftlicher Forschung erhoben wurde. Für die erste konsequente Verknüpfung von Mathematik und Experiment steht wissenschaftsgeschichtlich der Name Galileis, dessen Denken auf der Prämisse beruhte, daß das „Buch der Natur in der Sprache der Mathematik geschrieben (sei)". Galilei wurde damit einer der herausragenden Begründer des Erkenntnisideals der Neuzeit, das darauf zielte, „die Welt als ein großes Rechenexempel zu begreifen (und) die Vorgänge und qualitativen Bestimmtheiten der Dinge in einem System von Zahlen aufzufangen" (Simmel 1977, 489), und es ist ganz wesentlich dieses ‚Erkenntnisideal', auf dem die technische Praktikabilität der Naturwissenschaft beruht. Denn die Mathematik vereinigt Wissenschaft und Technik in einer gemeinsamen Sprache, sie ist somit eine Grundvoraussetzung für die Transformation ‚reiner Naturerkenntnis' in Apparaturen zur effizienten praktischen Naturbeherrschung.

3. Basal für die Entfaltung der modernen Naturwissenschaft war die Konzeption eines rationalen Kausalitätsbegriffs, der geistesgeschichtlich erstmal im mechanistischen Weltbild der frühen Neuzeit zutage trat. Die Unterschiede zwischen diesem Kausalitätsbegriff, der eine vollkommen ‚entzauberte' Weltsicht (Max Weber) begründete und vormodernen Kausalitätskategorien – etwa der aristotelischen oder derjenigen der mittelalterlichen Naturphilosophie – sind keineswegs nur semantischer Art, sondern sie reichen bis tief in die Struktur dieser Kategorie hinein. Dies soll im folgenden kurz skizziert werden.

Moderne Kausalitätserklärungen sind funktional-relational. Physikalische Ereignisse und Vorgänge in der Welt werden erklärt, indem komplexe, systemisch organisierte Bedingungszusammenhänge angeführt werden, die als Determinanten ein bestimmtes System so beeinflussen und verändern, daß ein Systemzustand in einen anderen transformiert wird. Natur wird nicht subjekthaft, sondern sinnfrei als Materie verstanden, und physikalische Vorgänge werden unter Auslassung jeglicher Teleologie aus ihrem immanenten gesetzlichen Zusammenhang erklärt, als Zustandsänderungen eines Systems.

Das moderne funktional-relationale Natur- und Kausalverständnis tritt uns in ausgearbeiteter Form zum erstenmal im sogenannten ‚mechanistischen Weltbild' (vgl. Dijksterhuis 1956) der frühen Neuzeit (in entwickelter Form z.B. bei Descartes) entgegen. Hier wurde die Mechanik der Bewegungsabläufe von Maschinen zu einem ganz neuen Paradigma der Naturerklärung erhoben (vgl. Baruzzi 1973), wurde die physikalische Wirklichkeit als ein nach dem Muster und Regelwerk der mechanischen Maschine aufgebautes natürliches System begriffen, dessen dynamische Organisation in theoretisch und experimentell deduzierten Konstanzsätzen festgehalten werden kann. Der neuzeitliche Umbruch im Naturverständnis läßt sich besonders deutlich, wie Dijksterhuis (1956, 354) aufgezeigt hat, an der Denkentwicklung Keplers demonstrieren. Kepler will, wie er es in einem Brief aus dem Jahr 1605 ausdrückt, „die Natur nicht mehr als instar divini animalis (als ein göttlich beseeltes Wesen), sondern instar horologii (als ein Uhrwerk) sehen" (Dijksterhuis 1956, 345). Er schreibt: „Mein Ziel ist es zu zeigen, daß die himmlische Maschine nicht eine Art göttlichen Lebewesens ist, sondern gleichsam ein Uhrwerk (wer glaubt, daß die Uhr beseelt ist, der überträgt die Ehre des Meisters auf das Werk), insofern darin nahezu alle die mannigfaltigen Bewegungen von einer ganz einfachen magnetischen Kraft besorgt werden, wie bei einem Uhrwerk alle die Bewegungen von dem so einfachen Gewicht" (Kepler, zitiert nach Gloy 1995, 166). Die Konsequenzen einer derartigen, am Muster der mechanischen Uhr vorgestellten Himmelsmechanik beschreibt Grossmann: „Die experimentelle Nachkonstruktion der Himmelsmechanik beraubte sie jedes mystischen Schleiers und legte die Auffassung nahe, daß die Bewegung der Himmelskörper nach ähnlichen Prinzipien wie die Mechanik des Planetariums funktioniert" (Grossmann 1935, 213). Es verdient durchaus Interesse, daß die Begründer der mechanistischen Naturerklärung, und gerade die größten von ihnen, gläubige Christen waren, zum Teil mit Neigungen zur Mystik. „Doch sie sagten: unsere empirisch-analytische Wissenschaft darf nicht ruhen, ehe sie nicht alles aus Druck und Stoß, aus Attraktion und Repulsion erklärt hat, so als ob es sonst nichts Reales gäbe, insbesondere kein Weltregiment der göttlichen Vorsehung. Gott will, daß wir insofern Atheisten sind" (Freyer 1965, 178).

Die Unterschiede des gerade skizzierten neuzeitlichen mechanistischen Kausalitätsbegriffs zu vormodernen Kausalitätsvorstellungen sind fundamental. Dazu einige Hinweise. Im Gegensatz zur funktional-relationalen Struktur moderner Kausalitätserklärungen mit ihrer ausschließlichen Konzentration auf das ‚Wie' physikalischer Vorgänge wird z.B. in Aristoteles' Lehre von den Ursachen, die auch die mittelalterliche Naturphilosophie stark geprägt hat, die Natur teleologisch verstanden; dem Begriff der Ursache wird ein vierfacher Sinn gegeben, der der causa materialis, causa formalis, der causa finalis und der causa efficiens. Der Begriff eines unpersönlichen, mechanischen und zweckfreien Ablaufs von Naturereignissen, der moderne Erklärungen physikalischer Bewegungsabläufe bestimmt, ist in seiner am Zweckbegriff orientierten Deutung des natürlichen Geschehens noch nicht ausgebildet. Natürliche Bewegungen sind für Aristoteles Ausdruck einer final bestimmen Weltordnung, in der jeder Körper, wenn er nicht gehindert wird, sich mittels einer ihm immanenten Bewegungsursache an seinen ‚natürlichen' Ort bewegt. Der Stein z.B. fällt, weil er seinem ‚natürlichen Ort', der Erdoberfläche – dem ‚natürlichen Ort' aller ‚schweren' Körper – zustrebt. Der freie Fall beendet den ‚unnatürlichen' Zustand eines Körpers, der zuvor von seinem natürlichen Ort entfernt worden war. Dabei wird die ‚Schwere' des Körpers als Qualität desselben, als das seine Fallbewegung auslösende Agens gedacht (vgl. hierzu Sambursky 1965, 122), die aber unterstützt wird durch eine gewisse, vom natürlichen Ort ausgehende Anziehungskraft. Erst das Zusammenspiel beider, von innerer Bewegungstendenz und äußerer Attraktion, erklärt die natürliche Bewegung. Aristoteles versteht Bewegung somit als bipolar bewirkt. Er geht nicht aus vom Konzept der Gravitation oder einer wechselwirkenden Anziehung, und im Zentrum seiner Überlegungen steht nicht ein Prozeß selbst, sondern der Ursprung und das Ziel eines Ereignisses. Die Grundstruktur der aristotelischen Bewegungserklärung ist also dynamistisch und finalistisch (vgl. Wenzel, in: Dux/Wenzel 1994), in ihr äußert sich eine Kausalvorstellung, die „Bewegung als Zuständlichkeit nicht kennt und für jede Phase einer Veränderung einen unmittelbar eingreifenden Faktor erfordert". Eine derartige Fassung von Kausalität bedeutet zum einen „die Notwendigkeit der in jedem Augenblick neuen Verursachung auch einer konstanten Bewegung, zum anderen die Unmöglichkeit der Fernwirkung" (Blumenberg 1965, 21).

Teil II: Grundstrukturen der europäischen Industriegesellschaft

V. Zur Technologie der Maschine in der industriellen Revolution und ihren sozialen Auswirkungen

Die industrielle Revolution war die zweite große technologische Revolution in der Menschheitsgeschichte, sie bezeichnet einen technik- und gesellschaftsgeschichtlichen Einschnitt, dessen Bedeutung nur vergleichbar ist mit der Erfindung und Nutzung der Technologie der Agrikultur, einem Prozeß, der um ca. 8000 vor unserer Zeitrechnung im Neolithikum begann und die Seßhaftwerdung des Menschen ermöglichte.

Mit der Technologie der Maschine, der „Schlüsseltechnologie" der Industriegesellschaft, kam ein ganz neuer „Modus technischen Handelns" in die Welt: die Übertragung von Arbeit auf mittels künstlicher Energie angetriebene mechanische Systeme. Auf dieser Basis entwickelten sich die zwei anderen „fundamentalen Technologien" dieses Gesellschaftstypus, die Technologie der Chemie und diejenige der Elektrizität (vgl. hierzu Popitz 1995, 13ff.).

Ich will mich im folgenden primär mit der frühindustriellen Maschinentechnologie befassen, mit ihrer Struktur, ihrer ökonomischen Nutzung und ihren sozialen Konsequenzen. Das Kapitel ist in zwei Großteile untergliedert. Im ersten wird die Technologie der Produktionsmaschinen, im zweiten die Technologie der Transportmaschinen der Industrialisierungsphase analysiert. Nur in der Reflexion dieser zwei Dimensionen der Maschinentechnologie und ihrer Auswirkungen erschließt sich der fundamentale Transformationsprozeß der Gesellschaft in der Ära der Industrialisierung.

1. Grundelemente der Maschine

Die Produktionsmaschinen der ersten Industrialisierungsphase haben drei Grundbestandteile: die Kraftmaschine (mechanische Antriebskraft), den Transmissionsmechanismus zur Energieumsetzung und die Arbeitsmaschine. Letztere – die Arbeits- bzw. Werkzeugmaschine – war derjenige Teilmechanismus, von dem die „industrielle Revolution im 18. Jahrhundert ausgeht" (Marx, MEW 23, 393). Wir teilen nicht die in manchen Lehrbüchern vertretene These, die Erfindung der Dampfmaschine, der mechanischen Antriebskraft, sei der entscheidende Impuls zur industriellen Revolution gewesen. Denn es ist schwer vorstellbar, daß diese technische Innovation eine Revolutionierung des Produktionssystems hätte herbeiführen können, solange die Arbeitsmittel noch handwerklicher Beschaffenheit waren. Der erste Schritt – so der naheliegende Gedanke – mußte die Verwandlung des Werkzeugs zur Arbeits- bzw. Werkzeugmaschine sein, denn erst dadurch wurde der Einsatz einer mechanischen Antriebskraft im Produktionsprozeß sinnvoll.

Im folgenden skizziere ich einige Aspekte frühindustrieller Werkzeug- und Kraftmaschinen. Zunächst: Wodurch unterscheidet sich die Werkzeugmaschine, dieses die industrielle Revolution auslösende Kernstück der frühindustriellen Maschinentechnologie, vom Werkzeug? Vom Blickpunkt einer soziologischen Anthropologie aus sollte als entscheidende Differenz die qualitativ unterschiedliche Art der Steuerung des Arbeitsprozesses aufgefaßt werden. Das Werkzeug ist ein Arbeitsmittel, dessen Einwirkung auf das Rohmaterial vom Arbeiter selbst gesteuert und permanent korrigiert wird[1], während bei der Arbeitsmaschine der Produktionszweck und die ihm entsprechende Bearbeitungsprozedur des Materials in einer

---

1 Beim Einschlagen eines Nagels z.B. muß jeder Hammerschlag die unmerkliche seitliche Abweichung kompensieren, die der vorhergehende dem Objekte erteilte. Bei jedem handwerklichen Tun werden Erfolge oder Mißerfolge unmittelbar unserem Wahrnehmungsapparat rückgemeldet, und nach diesen Rückmeldungen wird wieder die Zugriffsrichtung des Handelns verändert. Handwerkliches Tun ist ein sich permanent selbst korrigierender Kreisprozeß, bestehend aus wechselseitig aufeinander einwirkenden Wahrnehmungsleistungen und motorischen Aktionen (vgl. Gehlen 1961, 18f.).

mechanischen Apparatur verdinglicht sind: Die im mechanischen System miteinander verbundenen Werkzeuge wirken in einer durch den Arbeiter unbeeinflußbaren Weise auf den Stoff, ihr starres Bewegungsmuster diktiert die produktiven Restfunktionen des Arbeiters.

In der Werkzeugmaschine ist das Produktionsmittel von den „organischen Schranken, wodurch das Handwerkszeug eines Arbeiters beengt wird, (emanzipiert)" (Marx, MEW 23, 394), und der Grad dieser Emanzipation ist umso höher, je größer die Anzahl der mechanisch verbundenen Produktionsmittel ist. Zur Illustration sei hier auf die Spinnmaschine hingewiesen, die neben dem mechanischen Webstuhl die typische Werkzeugmaschine der industriellen Revolution war. Während ein altes Spinnrad eine, höchstens zwei Spindeln hatte, war die Spinnmaschine von vornherein mit 8, bald dann sogar mit 80 bis 100 Spindeln ausgerüstet, was eine enorme Steigerung der Arbeitsproduktivität zur Folge hatte.

Für eine Reflexion sozialer und ökonomischer Aspekte der frühindustriellen mechanischen Antriebskraft – der Dampfmaschine – erscheinen mir zwei Punkte von ganz wesentlicher Bedeutung. Zunächst sollte bedacht werden, daß die Dampfmaschine im Gegensatz zu den traditionellen Energieträgern (Wasser, Wind etc.) eine Loslösung der Produktion aus raumzeitlichen Bindungen gestattete (vgl. Sombart 1923, 142), wodurch erst ein Konzentrationsprozeß unterschiedlichster Produktionsanlagen in den Städten möglich wurde. Marx hat diese Auswirkung der Dampfmaschine glänzend beschrieben: „Erst mit Watts zweiter, doppelt wirkender Dampfmaschine war ein erster Motor gefunden, der seine Bewegungskraft selbst erzeugt aus der Verspeisung von Kohle und Wasser, dessen Kraftpotenz ganz unter menschlicher Kontrolle steht, der mobil und ein Mittel der Lokomotion, städtisch und nicht gleich dem Wasserrad ländlich, die Konzentration der Produktion in Städten erlaubt, statt sie wie das Wasserrad über das Land zu zerstreuen, universell in seiner technischen Anwendung, in seiner Residenz verhältnismäßig wenig durch lokale Umstände bedingt" (MEW 23, 398).

Als zweite große Auswirkung der Dampfmaschine – außer der gerade angesprochenen Loslösung der Produktion aus raumzeitlichen Bindungen – sollte die Erzeugung eines kontinuierlich gleichförmigen Produktionsflusses erwähnt werden.

Aus naheliegenden Gründen ermöglichte keiner der traditionellen Energiespender (Wasser, Wind, Tier) die Verwirklichung des maschinellen Prinzips der kontinuierlich gleichförmigen Bewegung.

In der Frühindustrialisierung entwickelte die Dampfmaschine sehr rasch eine enorme Anwendungsbreite. Nur einige Hinweise: Sie fand nicht nur als Antriebsmaschine in der Textilindustrie, sondern nach einiger Zeit auch in der maschinenproduzierenden Industrie Verwendung, ebenso im Bergbau, bei der Eisen- und Stahlgewinnung, und vor allem im Transportwesen: Anfang des 19. Jahrhunderts entstanden die ersten Dampfschiffe, 1825 die erste Dampf-Schienenbahn.

Die Dampfmaschine war der historisch erste künstliche Energiespender in der Industrialisierung. Ihr folgten zwei andere Typen künstlicher Energiesysteme, deren Folgewirkungen diejenigen der Nutzbarmachung des Dampfes noch übertrafen. Ins letzte letzte Drittel des 19. Jahrhunderts fällt die industrielle Verwertung der Elektrizität, ihre Nutzung als Antriebskraft für die unterschiedlichsten Produktionsmaschinen, für Transportmaschinen (1879 die erste elektrische Bahn) und für technische Aggregate vor allem im Bereich der Nachrichtenübermittlung. Eine größere Nutzbarmachung der Elektrizität für die privaten Haushalte, auf der der moderne Lebensstil beruht, hat freilich erst im 20. Jahrhundert stattgefunden. Als dritter Typus von Antriebsmaschinen – außer der Dampfmaschine und maschinell genutzter Elektrizität – ist die Verbrennungskraftmaschine zu nennen, deren Erfindung ebenfalls in das dritte Drittel des 19. Jahrhunderts fällt. Sie fungierte als stehende Kraftmaschine, wurde aber vor allem für Transportmaschinen nutzbar gemacht; und zwar zu Lande als Automobil (1886), zu Wasser als Motorboot, und 1903 dann für die ersten Motorflugzeuge.

Soweit die kurze Skizze der drei Typen von Antriebssystemen, die die industrielle Entwicklung im 19. Jahrhundert bestimmten.

2. Auswirkungen der Maschinisierung auf die Arbeit

Welche Auswirkungen hatte die frühindustrielle Maschinisierung auf die Beschaffenheit der Arbeit? Wodurch unterschieden sich die Tätigkeitsstrukturen in der neuartigen Produktionsstätte der Fabrik am auffälligsten von den handwerklichen Arbeitszusammenhängen in der Manufaktur? Ich hebe drei Merkmale, die Dimensionen „Qualifikation“ und „Macht“ betreffend, hervor.

1. Wir haben im vorletzten Kapitel gezeigt, daß sich in den Großmanufakturen der Protoindustrialisierung eine ausgeprägte Differenzierung und Polarisierung des Qualifikationsniveaus der Arbeitenden entwickelt hatte, eine breite Staffelung der Produzenten, die jetzt – in der frühindustriellen Fabrik – eingeebnet wurde. Die Maschinentechnik in der ersten Industrialisierungsphase in England bewirkte eine Homogenisierung der Tätigkeitsmuster der Arbeiter, drückte ihre Fähigkeiten auf ein relativ gleiches Niveau gering qualifizierter Arbeit herab. „Diese Herabsetzug der Qualifikationsmerkmale der Arbeitskraft, die Möglichkeit, Arbeitskräfte ohne Ausbildung direkt in der Produktion anzulernen, der hohe Bedarf an ausgesprochenen Hilfsarbeitern hauptsächlich bei der Maschinenspinnerei eröffnete den Weg zur Heranziehung von Kindern und Frauen in die Fabrik. In der Textilbranche war ihr Anteil insgesamt sehr hoch, am höchsten in der Baumwollindustrie. Noch 1835 – schon nach den ersten Kinder- und Jugendarbeitsschutzgesetzen – waren in der Baumwollindustrie von allen Beschäftigten 13% Kinder unter 14 Jahren, etwa 25-30% Jugendliche zwischen 14 und 18 Jahren. Frauen und Mädchen machten fast die Hälfte (48%) aller Arbeiter in dieser Branche aus. Am Anfang der industriellen Revolution dürfte wohl der Anteil der Kinderarbeit kaum niedriger gewesen sein“ (Eggebrecht u.a. 1980, 208).
2. Die Maschinentechnologie etablierte eine qualitativ neuartige Trennung von Hand- und Kopfarbeit im Produktionsprozeß, womit diesem zugleich eine zusätzliche Machtdimension eingefügt wurde. Zunächst sei auf den einfachen Tatbestand hingewiesen, daß die Maschine Produkt einer

von den Handarbeitern geschiedenen Gruppe von Kopfarbeitern war, daß sich in ihr eine kognitive Kompetenz vergegenständlicht hatte, die das intellektuelle Können der Arbeiter weit überragte. Während die Produktionsmittel-Technologie in der Manufaktur den Handwerkern ohne weiteres verständlich war, ist in der Struktur des maschinellen Systems, das die Arbeiter „zwingt", ein ihnen kaum zugängliches Wissen verkörpert. Charles Babbage, einer der wichtigsten Theoretiker der Arbeitsteilung, hat das angedeutet: „In der Erfindung und Vereinfachung von Werkzeugen ist der einzelne Arbeiter oft erfolgreich; diese isolierte Vervollkommnung aber in ein und dieselbe Maschine zu vereinigen, setzt einen höheren Grad von Geistesbildung voraus" (Babbage 1833, 177). Mit der Maschinisierung des Arbeitsprozesses gewann vergegenständlichte Kopfarbeit Macht über die Handarbeit, der produktionsinternen Herrschaftsstruktur gliederte sich eine ganz neuartige Dimension „datensetzender Macht" (vgl. Popitz 1995, 160ff.) ein.

3. Die maschinenbestimmte Produktion in der Fabrik begründete zwangsläufig qualitativ neue Muster von Arbeits- und Zeitdisziplin, ein Niveau der Disziplinierung der Arbeiter, das dasjenige in der Manufaktur weit überstieg. Marx hat in seiner Analyse des Fabriksystems diesen Aspekt unterstrichen. „Da das Handwerksgeschick die Grundlage der Manufaktur bleibt und der in ihr funktionierende Gesamtmechanismus kein von den Arbeitern selbst unabhängiges objektives Skelett besitzt, ringt das Kapital beständig mit der Insubordination der Arbeiter" (Marx, MEW 23, 389). Marx führt aus, daß der Manufakturherr viel zu sehr von den handwerklichen Fähigkeiten seiner Arbeiter abhängig war, um einen hochgradig gleichförmigen, maximal effizienten Produktionsfluß durchsetzen zu können. Gleichförmigkeit und maximale Effizienz konnten erst in der Fabrik zu bestimmenden Merkmalen menschlicher Arbeitsabläufe werden, weil die Maschine eine Arbeits- und Zeitdisziplin erzwingt, die durch eine ausschließlich über den menschlichen Befehl ausgeübte Herrschaft nur in Extremfällen verwirklicht werden kann. Die Maschine bewirkte eine Vergleichheitlichung menschlicher Bewegungsabläufe bis in die Details, eine garnicht beeinflußbare Kongruenz von Handlungsmustern mit maschinellem Funktionieren, kurz:

einen Disziplinierungsstandard qualitativ neuer Art, an den sich die Arbeiter in der Frühindustrialisierung nur langsam gewöhnen konnten. „Die «Fabrik», mit der Logik ihrer Arbeitsgänge, jede Spezialmaschine von einer «special hand» bedient, alle Tätigkeiten vom Tempo des Motors und dem Zwang der Mechanisierung bestimmt, die Leute in Gaslicht, Lärm und Rauch gehüllt: das wurde als eine Arbeitsform wider die Konvention empfunden. Obwohl die Fabriklöhne in der Regel höher als die der Heimarbeiter waren, zögerten Arbeiter, in die Fabrik zu gehen, wo sie ihre Unabhängigkeit einbüßten. Dies ist auch einer der Gründe, weshalb, wo es möglich war, Fabriken mit den fügsameren Frauen und Kindern besetzt wurden: 1838 waren nur 23% der Textilarbeiter erwachsene Männer" (Hobsbawm 1979, 68).

„Arbeitsdisziplin" war eines der Hauptprobleme der Frühindustrialisierung. Auf die hochgradig artifiziellen Arbeits-Zeitrhythmen des industriellen Produktionsprozesses – mit seinen neuartigen Kontrollmöglichkeiten und der sozusagen selbstständig als Disziplinierungsmittel wirkenden Maschine – war die erste Generation von Industriearbeitern noch kaum eingestellt. Daß ein vorgegebenes Arbeits-Zeitgerüst maximal effizient auszufüllen sei, daß „Zeit Geld ist", war für die Produzenten noch ein weitgehend unvertrauter Gedanke. Der sog. „blaue Montag" war in England ein bis über die Mitte des 19. Jahrhunderts weit verbreitetes Phänomen, und es bedurfte einer langen, durch vielfältige Disziplinierungsmaßnahmen forcierten Gewöhnungszeit, bis die Industriearbeiter den abstrakten Arbeits-Zeitrhythmus der Fabrik verinnerlicht hatten (vgl. Thompson 1980, 34ff.; Eggebrecht u.a. 1980, 212ff.).

3. Lebensbedingungen der Industriearbeiter in England – einige Hinweise

An drei Beispielen sollen Lebensbedingungen der ersten Generation von Industriarbeitern in England kurz illustriert werden: An Daten zur Arbeitszeit, den Wohnverhältnissen in den neuen Industriestädten und an dem neuen System der Armenunterstützung.

3.1 Arbeitszeiten

In den 1820er und 1830er Jahren verbrachten die englischen Fabrikarbeiter von montags bis freitags ca. 14 Stunden täglich in der Fabrik (zu den Daten vgl. Eggebrecht u.a. 1980, 214ff.), wobei von diesen 14 Stunden etwa zwei Stunden für die Pausen abgerechnet werden können. Am Samstag wurde noch einmal etwa 10 Stunden gearbeitet. Die Arbeitswoche hatte (Arbeitsunterbrechungen mitgerechnet) zwischen 70 und 80 Stunden. Da das neue Fabriksystem auf der Trennung von Arbeits- und Wohnstätte beruhte, sollte man auch den Zeitaufwand für den Weg zur und von der Fabrik in Rechnung stellen. Der Weg war oftmals lang, wobei bedacht werden muß, daß es hier noch keine für die Arbeiter erschwinglichen Nahverkehrsmittel gab. Zwischen ein und drei Stunden Fußmarsch für den Weg von und zur Arbeit müssen berechnet werden. So blieben den Arbeitern bestenfalls neun oder aber nur sieben Stunden für alles andere, was noch zum Leben gehört. Diese Arbeitszeiten galten bis in die dreißiger Jahre für alle Arbeiter, also auch für die Kinder, Jugendlichen und Frauen. Erste gesetzliche Regelungen zur Arbeitszeit gab es dann 1833; sie zielten vor allem auf die Einschränkung der Kinderarbeit. Hier wurde die Fabrikarbeit von Kindern unter neun Jahren verboten, diejenige von Kindern zwischen 9 und 13 Jahren auf acht Stunden beschränkt und außerdem die Nachtarbeit für Kinder und Jugendliche unter 18 Jahren verboten. Ab den 50er Jahren folgten dann gesetzliche Arbeitszeitbestimmungen, die faktisch den zehnstündigen Arbeitstag zur allgemeinen Regel machten, mit dem freien Wochenende ab Samstagnachmittag.

3.2 Industriestädte

Die Konzentrierung der Fabriken in den Städten, ihr Zusammenwachsen zu industriellen Ballungsgebieten zog immer größere Mengen von Menschen in diese städtischen Ballungsräume, verwandelte Ortschaften des ländlichen Siedlungstyps in überbevölkerte Fabrikstädte. Hier war kein Platz für eine zusätzliche Subsistenzwirtschaft, der Lohn wurde zur einzigen Quelle des Lebensunterhalts. Durch diesen Sog verändert sich auch ein weiterer Bestandteil der Lebensbedingungen der Arbeiter: das Wohnen.

Zunächst einige Zahlen, die das Tempo der Urbanisierung in der englischen Industrialisierung verdeutlichen. Während die Gesamtbevölkerungszahl Großbritanniens sich 1750 und 1850 verdreifachte, nahm die Bevölkerungszahl von Industriestädten um das fünf- bis zehnfache zu (zu den Zahlen vgl. Eggebrecht u.a. 1980, 194ff.). Von den fast 21 Millionen Einwohnern Großbritanniens im Jahre 1851 lebte ungefähr die Hälfte in Städten: mehr als ein Drittel in Städten mit über 20.000 und mehr als ein Fünftel in Städten mit über 100.000 Einwohnern. Über ein Viertel der Gesamtbevölkerung Großbritanniens lebte 1871 in sechs städtischen Ballungsgebieten. Kurz: innerhalb eines Jahrhunderts kam es in Großbritannien zu einer völlig neuen geographischen Verteilung der Bevölkerung, zu Bevölkerungsagglomerationen, die sich zu industriellen Ballungszentren verdichteten. Die völlig unzureichenden Lebensverhältnisse in den Arbeitervierteln der neuen Industriestädte in der ersten Hälfte des 19. Jahrhunderts sind oft beschrieben worden. Der Zuwachs an neuen Wohngelegenheiten konnte bis in die 1850er Jahre mit dem Zustrom neuer Bevölkerungsmassen in die Städte nicht Schritt halten, und die wesentlichsten Merkmale dieser Entwicklung, hauptsächlich in der ersten Hälfte des 19. Jahrhunderts, waren die Überbesetzung der zur Verfügung stehenden Wohnräume, die völlig ungeplante Verdichtung der Bebauung und das Fehlen jeglicher sanitärer Maßnahmen auf dem Gebiet der Trinkwasserversorgung, Kanalisation und Müllabfuhr. Das Zusammenwirken des Zustroms neuer Einwohner mit dem ausschließlich gewinnorientierten und spekulativen Wohnungsbau und der fast totalen Enthaltsamkeit der städtischen Behörden auf dem Gebiet der Bauordnungen und sanitären Maßnahmen führten zu katastrophalen Zuständen, die besonders von Friedrich Engels in seiner Studie „Zur Lage der arbeitenden Klasse in England“ eindringlich beschrieben worden sind.[2] Nichts charakte-

---

2 „Diese Straßen sind so eng, daß man aus dem Fenster des einen Hauses in das des gegenüberstehenden steigen kann, und dabei sind die Häuser so hoch Stock auf Stock getürmt, daß das Licht kaum in den Hof oder die Gasse, die dazwischen liegt, hineinzudringen vermag. In diesem Theile der Stadt sind weder Kloaken noch sonstige, zu den Häusern gehörige Abzüge oder Abtritte; und daher wird aller Unrath, Abfall und Exkremente von wenigstens 50000 Personen jede Nacht in die Rinnsteine geworfen, so daß trotz alles Straßenverkehrs eine Masse ausgetrock-

risiert die soziale Situation in den Industriestädten besser als die Tatsache, daß man es noch 1851 für völlig undenkbar hielt, daß die Königin Manchester und Liverpool besuchen würde. Erst ab der zweiten Hälfte des 19. Jahrhunderts begann man – auch als Reaktion auf die immer wieder ausbrechenden Seuchen – die Situation in den Industriestädten zu verbessern. Zum Beispiel begann man ab etwa 1850 mit dem Bau unterirdischer Abwasserkanäle, und auch die Wasserversorgung, die mehr und mehr aus Händen privater Gesellschaften in städtisches Eigentum überging, wurde durch den Bau von Leitungsnetzen verbessert.

3.3 Das neue System der Armenunterstützung

Die englische Frühindustrialisierung begünstigte die Ausbildung und den wachsenden Einfluß von Soziallehren, die auf den Prinzipien des Individualismus und Utilitarismus basierten. Die Bedeutung dieser Lehren zeigte sich nicht zuletzt an der Reform der Armengesetzgebung von 1834, die die Existenzunsicherheit der Industriearbeiter noch vergößerte. Ein kurzer Hinweis: Das „old poor law“ basierte auf einem zeitlich und örtlich stark variierenden System von „allowances“, die auf gemeindlicher Ebene verwaltet wurden (vgl. Sokoll 1988). Trotz ihrer Buntscheckigkeit läßt sich in diesen öffentlichen Unterstützungssystemen doch eine Grundidee erkennen: Das Recht der Armen auf Unterstützung, die Verpflichtung der Gemeinde, ihnen zu einem an traditionell fixierten Bedürfnisstandards orientierten Verdienst zu verhelfen. Das „new poor

---

neten Koths und ein stinkender Dunst entsteht, und dadurch nicht nur Auge und Geruch beleidigt, sondern auch die Gesundheit der Bewohner aufs Höchste gefährdet wird. (...) Die Gesellschaft ist in diesen Gegenden zu einer unbeschreiblich niedrigen und elenden Stufe herabgesunken. – Die Wohnungen der ärmsten Klasse sind im allgemeinen sehr schmutzig und augenscheinlich nie auf irgend eine Weise gereinigt; sie bestehen in den meisten Fällen aus einem einzigen Zimmer, das, bei der schlechten Ventilation, dennoch wegen zerbrochener, schlecht passender Fenster kalt ist – zuweilen feucht und theilweise unter der Erde, immer schlecht möblirt und durchaus unwohnlich, so daß ein Strohhaufen oft einer ganzen Familie zum Bette dient, auf dem Männer und Weibe, Junge und Alte in empörender Verwirrung durcheinander liegen. Wasser ist nur bei den öffentlichen Pumpen zu haben, und die Mühe, mit der es herbeigeholt werden muß, begünstigt natürlich alle möglichen Unfläthereien“ (Engels 919, 36).

law“ von 1834 basierte dagegen auf ganz anderen Grundgedanken (vgl. hierzu Fraser 1973 und 1982): Es betonte die Selbstverantwortlichkeit des einzelnen – jedermann als „sole master of his fate“ –, und es versuchte, die Selbsthilfe der Armen dadurch zu stimulieren, daß es öffentliche Unterstützung nur in entwürdigenden Formen gewährte. Sein Zentralprinzip: Die Bedingungen für öffentliche Unterstützungsleistungen sollten weniger wünschenswert erscheinen als die schlimmsten Verhältnisse, in denen man außerhalb öffentlicher Hilfe überleben konnte. Im Sinne dieses Prinzips wurde öffentliche Hilfe nur in abschreckenden gefängnisartigen Armenhäusern zugestanden, die Armen sollten dazu gebracht werden, alles zu versuchen, sich selbst durchzubringen.

4. Die Maschinisierung der Transportmittel – Anmerkungen zur Technologie der Eisenbahn und ihren Auswirkungen

Meine bisherigen Ausführungen thematisierten nur Grundmerkmale und Konsequenzen der Maschinisierung des Produktionsprozesses in der ersten Industrialisierungsphase. Noch garnicht behandelt wurde die Maschinisierung der Transportmittel, die im Transformationsprozeß der vorindustriellen zur Industriegesellschaft eine herausragende Bedeutung hatte. Die Auswirkungen des Eisenbahnbaus auf die Gesellschaft waren ähnlich folgenreich wie diejenigen der Maschinisierung der Produktion, sie veränderten vollkommen die Physiognomie der Länder und Städte und begründeten völlig neuartige Muster gesellschaftlicher Erfahrung. Die der Eisenbahn folgenden technischen Innovationen von Transportmitteln (das Automobil, das Flugzeug) sind nur Varianten dieser neuartigen Erfahrungsmuster, und es gibt gute Gründe für die These, daß keine dieser Innovationen einen derartig radikalen Einschnitt bedeutete, wie der Schritt vom vorindustriellen Transportmittel zur Eisenbahn. Im folgenden skizziere ich zunächst knapp Grundmerkmale der Technologie der Eisenbahn und schildere dann einige ihrer sozialen Auswirkungen. Ich stütze mich dabei vor allem auf die glänzende Arbeit Wolfgang Schivelbuschs (Schivelbusch 1979).

In der Eisenbahn verkörpert sich eine zweifache Emanzipation aus Naturzusammenhängen, die mit dem doppelten Maschinencharakter der Eisenbahn zusammenhängt (vgl. zum folgenden Schievelbusch 1979, 24ff.). Erstens stellt die Dampfmaschine gleichförmige mechanische Bewegung her, eine mechanische Kraft, die nicht nur die Leistung des Zugtieres um ein vielfaches übertrifft, sondern die auch – im Gegensatz zu jeder natürlichen Antriebskraft – vollkommen regelmäßig wirkt und ohne weiteres in quantitativ exakter Staffelung reduziert und gesteigert werden kann. Die Verbindung von Rad und Schiene ist der zweite maschinelle Teilzusammenhang der Eisenbahn, dasjenige Ensemble, durch das die mechanische Bewegung räumlich umgesetzt wird, und es ist diese Verbindung, die die zweite folgenreiche Lösung aus Naturzusammenhängen ermöglicht. Denn mittels der Schiene gelingt es nicht nur, „mikro-physikalische" natürliche Widerstände zu minimieren – die Reibung zwischen Rad- und Wegoberfläche –, sondern die Schiene ermöglicht auch eine weitgehende Überwindung landschaftlicher Unebenheiten, sozusagen des „makro-physikalischen Widerstands". Schivelbusch hat aufgezeigt, daß in beiderlei Hinsicht die Schiene als optimale Verwirklichung der Kriterien aufzufassen ist, die bereits im 19. Jahrhundert einer technisch idealen Straße zugrundegelegt wurden. Er zitiert Lardners Definition, wie sie sich in der achten Auflage seines Werks „The Steam Engine, Steam Navigation, Roads, and Railways" von 1851 findet: *„Eine vollkommene Straße müßte glatt, eben, hart und gerade sein* – wenn es möglich wäre, zwischen zwei Punkten eine Straße zu bauen, die absolut glatt, absolut eben, absolut hart und absolut gerade ist, dann würde sich ein Fahrzeug, das man darauf in Bewegung setzte, von einem Punkt zum anderen bewegen, wobei lediglich die Zugkraft angewendet werden müßte, die nötig ist, den Luftwiderstand zu überwinden" (Lardner, in: Schivelbusch 1979, 25).

Die Schiene ist glatt und hart wie keine Straße zuvor, und die Eisenbahnstrecken wurden wie „ein Lineal durch die Landschaft gelegt" (Schievelbusch 1979, 27), so daß sie möglichst eben und geradlinig verlaufen. Dies setzte Umgestaltungen des Geländes in zuvor nicht gekannten Dimensionen voraus – Erdaushebungen und -aufschüttungen, den Bau von Tunnels und Viadukten; es erforderte die Schaffung einer künstlichen Landschaft, die ab Mitte des 19. Jahrhunderts die Physiognomie der europäischen Länder zu prägen begann.

Da die Schiene alle Kriterien, die die technisch vollkommene Straße definieren – sie muß glatt, hart und sie muß eben und gerade sein –, optimal verwirklicht, läßt sich alle spätere Straßenbautechnik – wie Schivelbusch überzeugend darzulegen weiß (1979, 25f.) – als Angleichung an die technischen Prinzipien der Schienenwege verstehen. Härte und Glätte wurden durch Asphaltierung und Betonierung erreicht, und genauso wie bei der Herstellung ebener und gerader Schienenwege wird bei den Autobahnen die Unebenheit des Geländes durch Tunnels und Brücken überwunden.

Von den vielen Auswirkungen der Eisenbahn in der Phase ihrer Durchsetzung als wichtigstes Transportmittel widme ich mich nur kurz zwei sehr unterschiedlichen Aspekten: der Umgestaltung der Städte und der neuen Erfahrung des Reisens.

4.1 Neue Stadtstrukturen

„Die Transformation der weitgehend noch vom Mittelalter geprägten europäischen Stadt im 19. Jahrhundert, die Sprengung ihrer räumlichen Geschlossenheit, ihre weitflächige Ausdehnung als Stadtlandschaft, die Entstehung spezialisierter Distrikte (Wohn-, Geschäfts-, Industriebezirke, bürgerliche und proletarische Stadtteile, usw.) ist Resultat der industriellen Revolution im allgemeinen, der Transportrevolution der Eisenbahn im besonderen. Wo diese Entwicklung nicht unmittelbar von der Eisenbahn verursacht ist, wirkte diese als beschleunigender Faktor bestehender Tendenzen“ (Schivelbusch 1979, 158). Da die Eisenbahn in die traditionelle Stadtstruktur nicht integriert werden konnte – in die engen verwinkelten Gassen der zumeist noch mittelalterlich geprägten Städte konnten keine Schienen gelegt werden –, wurden die meisten Bahnhöfe außerhalb der alten Zentren, wo ausreichend freies Gelände zur Verfügung stand und die Baukosten nicht allzu hoch waren, gebaut. Der Bahnhof war kein integraler Bestandteil der Stadt, „und er bleibt für eine lange Zeit fremdartiger Appendix. Die unmittelbar an ihn angrenzenden Stadtteile erhalten bald das Stigma des Industriellen und Proletarischen. Sie werden zur verrufenen Bahnhofsgegend „(Schivelbusch 1979, 152). Wichtig wurde es, die Bahnhöfe so zu gestalten, daß die Stadtbewohner durch das Äußere der Stationen nicht von ihrer Benutzung abgeschreckt wurden. Deshalb wurden die Bahnhöfe in zwei grundverschiedene Gebäude aufgeteilt: in das Empfangsgebäude aus Stein, das sich repräsentativ in die Stadt integrieren sollte und in die industrielle Bahnhalle, in der sich die Gleise befanden. Die Reisenden betraten das Gebäude wie ein Theater oder andere repräsentative Stadtgebäude, gelangten von den Eingangsräumen zuerst in einen Warteraum und anschließend in die Halle mit den Zügen – eine Gebäudegliederung, die eine behutsame Gewöhnung ans industrielle Zentrum des Bahnhofs ermöglichte.

Natürlich beschränkte sich der Einfluß der Eisenbahn auf den Städtebau nicht auf die Errichtung der Bahnhöfe, sondern bewirkte tiefgreifende Änderungen der gesamten Baustruktur – z.B. durch die Begradigung und Verbreiterung der Hauptstraßen zur besseren Bewältigung des größeren Verkehrsaufkommens –, und es kam auch vor, daß ganze Städte umgestaltet wurden. Schivelbusch erwähnt als extremstes Beispiel hierfür Hausmanns „regularisation" von Paris (vgl. 1979, 160ff.), den Abriß des alten Zentrums und seinen ganz an „modernen" Verkehrsfunktionen orientierten Wiederaufbau. „Wie die Eisenbahnstrecke durch die Landschaft, so (schlagen sich Hausmanns Boulevards) durch die Stadtlandschaft, unbekümmert zerschneidend, was im Weg ist. Der Gare de l'Est, der den Schienenstrang auf der einen Seite empfängt und ihn, zur Straßenschneise transformiert, auf der anderen Seite seine Fortsetzung nehmen läßt, ist...wahrscheinlich der exemplarischste aller Stadtbahnhöfe. In dieser fast ästhetischen Deutlichkeit, als direkte Fortsetzung der Eisenbahnstrecke in der Stadt erkennbar, steht der Boulevard de Strasbourg einzig da. Jedoch auch die übrigen wesentlichen Straßendurchbrüche Hausmanns lassen sich als Ergänzungen zum Eisenbahnverkehr erkennen. Sie verlaufen entweder als Verbindungen zwischen den Bahnhöfen und dem Stadtzentrum oder als Verbindungen zwischen den Bahnhöfen untereinander" (Schivelbusch 1979, 161f.).

4.2 Neue Muster der Reiseerfahrung

Die Maschinisierung der Transportmittel durch die Eisenbahn war mit einer fundamentalen Veränderung der Reiseerfahrungen verknüpft – einer Veränderung, die der ersten Generation von Eisenbahnreisenden sehr bewußt war. Es bedurfte erst einer längeren Gewöhnungszeit, bis die vom vorindustriellen Reisen erzeugten Wahrnehmungsmuster als „unnatürlich" empfunden wurden. Ich beschränke mich im folgenden auf einige Hinweise zur Verwandlung der Raum- und Zeiterfahrung durch die Eisenbahn.

Das Reisen mit vorindustriellen Transportmitteln war außerordentlich anstrengend – wegen seiner Langsamkeit und weil der Reisende jede Unebenheit des Geländes spürte –, aber es war auch sinnlich abwechslungsreich. Dem Reisenden teilten sich auch die kleinen Veränderungen des von ihm durchfahrenen natürlichen und sozialen Raums mit, das Reisen war mit einer sinnlichen Erfahrungsintensität verknüpft, die im 18. Jahrhundert im literarischen Genre des Reiseromans ein bleibendes Denkmal erhalten hat. „Goethes (Tagebuchbericht einer Reise) von Frankfurt nach Heidelberg besteht aus einer kontinuierlichen Reihe von Eindrücken, die zeigen, wie intensiv der Raum, der durchreist wird, erfahren wird. Nicht nur die Dörfer und Städte auf dem Weg werden beschrieben, nicht nur die Formationen der Landschaft, sondern bis in Details wie die materielle Beschaffenheit des Straßenpflasters geht die Wahrnehmung" (Schivelbusch 1979, 51f.).

Die Eisenbahn erzeugte völlig neue Muster der Erfahrung von Raum und Zeit, Muster, die am besten in einer Metapher zusammengefaßt sind, die im 19. Jahrhundert (vgl. Schivelbusch 1979, 52ff.) oftmals benutzt wurde: Die Eisenbahn wird als Projektil beschrieben, das die Reisenden wie Pakete durch die Landschaft schießt. In dieser Metapher wird nicht nur die ungeheure Geschwindigkeit und mathematische Geradlinigkeit der Eisenbahn im Vergleich zum vorindustriellen Verkehrsmittel angesprochen, sondern in ihr verdichtet sich auch eine ganz neue Raumerfahrung, die das Reisen zunehmend als Aufeinandertreffen isolierter Orte, als Überbrückung eines abstrakten, rein geographischen Raums erscheinen ließ. Durch die Eisenbahn schlossen sich dem Reisenden einerseits neue Räume auf, die bisher nicht verfügbar waren, andererseits aber wurde auch Raum vernichtet, nämlich der Raum dazwischen, der Reiseraum. Er löst sich, wenn er nicht schlafend oder lesend durchquert wird, hinsichtlich seines Vordergrunds in eine Vielzahl sich verflüchtigender Bilder auf, während der Fernbereich der visuellen Wahrnehmung sich zu – bald ermüdend wirkenden – panoramatischen Überblicksbildern verdichtet, in denen die atmosphärischen Qualitäten der Landschaft verschwunden sind. Mit der Auflösung des traditionellen Reiseraums zwischen den Zielorten rücken diese unmittelbar aneinander, „sie prallen geradezu aufeinander. Sie verlieren ihr altes Hier und Jetzt. Dieses war bestimmt von den Zwischen-Räumen. Die Isolation, in welche die räumliche Entfernung die Orte zueinander brachte, machte deren Hier und Jetzt, ihre selbstbewußte und in sich ruhende Individualität aus." (Schivelbusch 1979, 39). Schivelbusch zeigt auch auf, daß die Landschaften ihr Jetzt in einem ganz konkreten Sinne verlieren. Denn es wird ihnen durch die Eisenbahnen ihre lokale Zeit genommen. Am Anfang des 19. Jahrhunderts gab es zunächst noch voneinander differierende Lokalzeiten, die freilich mit dem Ausbau des Schienennetzes aufgehoben und durch eine Standardzeit ersetzt werden mußten.

VI. Die Industrialisierung in Deutschland

Im letzten Kapitel wurden Grundmerkmale der Schlüsseltechnologie der sich im 19. Jahrhundert entwickelnden Industriegesellschaft analysiert, wobei aber von sozialhistorischen Prozessen noch weitgehend abstrahiert wurde. Jetzt sollen die sozialen Umschichtungsprozesse, die mit dem Übergang von der Agrar- zur Industriegesellschaft verbunden waren, ganz in den Vordergrund gerückt werden. Ich konzentriere mich dabei auf die deutsche Entwicklung, deren Unterschiede zur englischen Industrialisierung durch partielle Vergleiche angedeutet werden sollen.

1. Einführender Überblick: Die Entwicklung der drei Wirtschaftssektoren

Einen ersten Grobüberblick über den Wandlungsprozeß Deutschlands von einer Agrar- zur Industriegesellschaft im 19. Jahrhundert gewinnt man, wenn man sich die fundamentalen Veränderungen der gesamtgesellschaftlichen Struktur von „Arbeit" vor Augen hält. Zu diesem Zweck greifen wir auf die Unterteilung des Wirtschaftssystems in drei Sektoren zurück, die zum ersten Mal amerikanische Ökonomen (Colin Clark) um 1940 vorgenommen haben. Der primäre Sektor umfaßt vor allem die Landwirtschaft, der sekundäre Sektor das verarbeitende Gewerbe (Industrie, Handwerk, aber auch Bergbau) und der tertiäre Sektor den Dienstleistungsbereich, unter den sehr heterogene Tätigkeiten subsumiert werden. Auf die Problematik einer derartigen Klassifikation von „Arbeit" wollen wir zunächst nicht eingehen.

Orientiert man sich an dieser Unterteilung des Wirtschaftssystems in drei Sektoren, dann kann man anhand von zwei Kriterien entscheiden, wann die Transformation einer Agrar- zur Industriegesellschaft als abgeschlossen gelten kann. Das erste Kriterium: Wenn der Anteil der Beschäftigten im sekundären Produktionssektor den Beschäftigtenanteil im agrarischen Sektor zu überflügeln beginnt. Und zweitens: Wenn der Anteil an der Wertschöpfung – am Sozialprodukt – im sekundären Sektor größer geworden ist als im primären. Hinsichtlich dieses zweiten Kriteriums war bereits um 1890 in Deutschland der Übergang von einer Agrar- zur Industriegesellschaft vollzogen (vgl. Geißler 1992, 20f.), während hinsichtlich des ersten Kriteriums das Jahr 1914 als Markierungspunkt begriffen werden kann. Werfen wir einen Blick auf die folgende Tabelle:

Entwicklung der Beschäftigtenzahl in den einzelnen Wirtschaftssektoren in v.H. aller Beschäftigten

	Sektoren in v.H. aller Beschäftigten			Beschäftigte insgesamt
Jahr	primärer	sekundärer	tertiärer	in Millionen
1780	65	19	16	10.0
1800	62	21	17	10.5
1825	59	22	19	12.6
1850	55	24	21	15.8
1875	49	30	21	18.6
1900	38	37	25	25.5
1914	34	38	28	31.3
1935	30	38	32	29.9
1970	5	48	47	30.1

Anmerkung: 1935 = Deutsches Reich
1970 = Bundesrepublik Deutschland

aus: Henning, Friedrich-Wilhelm: Die Industrialisierung in Deutschland 1800-1914, Paderborn 1973, S. 20

Auf der Tabelle sehen wir, daß 1780 65% aller Produzenten in der Landwirtschaft tätig waren, wobei gesagt werden sollte, daß es sich bei dieser Zahl um einen Schätzwert handelt, der m.E. zu niedrig angesetzt wurde. Man wird auf ca. 80% kommen, wenn man mitberücksichtigt, daß viele handwerklich Tätige ihren Lebensunterhalt zugleich aus landwirtschaftlicher Produktion bezogen: Kaum ein Heimarbeiter oder selbständiger Handwerker hatte nicht ein Stück Land, aus dessen Bearbeitung er zusätzliche Subsistenzmittel bezog. Im Laufe des 19. Jahrhunderts geht der Anteil der in der Landwirtschaft Tätigen kontinuierlich zurück, bis zu 34% im Jahre 1914, in dem der sekundäre Sektor auf 38% der Beschäftigten angewachsen ist.

Bei diesen Zahlen sollte berücksichtigt werden, daß es sich hier um einen relativen Rückgang handelte; *absolut* nahm auch die Zahl der landwirtschaftlich Tätigen zu, und zwar von 7 Millionen um 1800 auf etwa 11 Millionen 1914. Man sieht in der letzten Spalte, wie sehr die Gesamtzahl der in allen Wirtschaftssektoren zwischen 1800 und 1914 Beschäftigten gewachsen ist – nämlich von 10 Millionen auf 31,3 Millionen –, eine Expansion der Zahl der Beschäftigten, die das große Bevölkerungswachstum im 19. Jahrhundert widerspiegelt, das man nicht zu Unrecht auch als „Bevölkerungsexplosion“ bezeichnet hat.

In England war – wie wohl den meisten bekannt – der Wandlungsprozeß der Agrar- zur Industriegesellschaft bereits viel früher abgeschlossen. Einige Zahlen mögen das beleuchten: Während noch um 1760 über 50% aller Produzenten landwirtschaftlich tätig waren, war deren Anteil bereits 1851 auf nur 15% zurückgegangen, während die in Industrie, Bergbau, Handel und Transport Beschäftigten in diesem Jahr bereits einen Anteil von ca. 63% an der Gesamtbeschäftigtenzahl einnahmen – eine rasante Umschichtung innerhalb von etwa drei Generationen. In Deutschland gab es eine annähernd vergleichbare Beschäftigungsstruktur erst ab Mitte der 50er Jahre dieses Jahrhunderts.

Exkurs: Ein kurzer Blick in die Gegenwart – Industrie- und Dienstleistungsgesellschaft

Wenn man als ein Zentralkriterium für den Gebrauch des Begriffs „Industriegesellschaft“ in Bezug auf „Agrargesellschaft“ den höheren Beschäftigtenanteil im sekundären Sektor ansieht, dann läßt sich auch die massive Expansion des Dienstleistungssektors in den letzten zwanzig Jahren, die zu einem größeren Beschäftigtenanteil im tertiären als im sekundären Sektor geführt hat, analog als Wandlung der Industriegesellschaft zu einer post-industriellen oder Dienstleistungsgesellschaft deuten. Der Franzose Fourastié hat bereits in den 50er Jahren ein entsprechendes Modell entwickelt, dessen Angelpunkt Annahmen über völlig divergente Rationalisierungsmöglichkeiten in den drei Wirtschaftssektoren sind. Die folgende Graphik bietet eine Illustration dieses Modells.

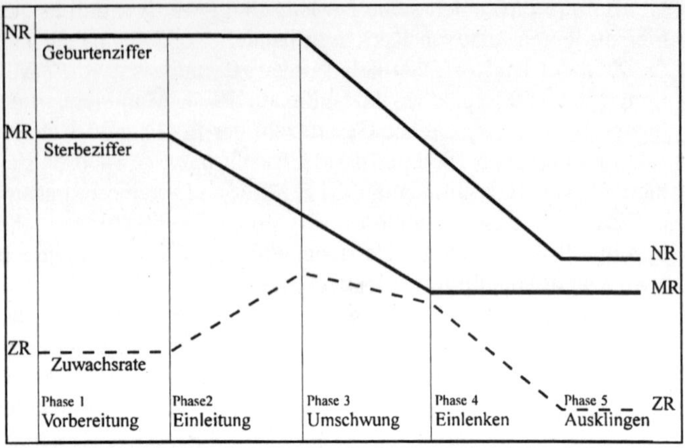

Einige Hinweise zur Erläuterung der Graphik. Zunächst sei darauf hingewiesen, daß Fourastiés Modell als schematisierte Darstellung vergangener Wandlungen des Wirtschaftssystems und zugleich als Prognose über den zukünftigen Anteil der Beschäftigten im primären, sekundären und tertiären Sektor verstanden werden sollte. Hinzuzufügen ist, daß Fourastié weniger die Wandlungen zwischen dem primären und sekundären Sektor ins Zentrum der Betrachtung rückt, sondern diejenigen zwischen dem primären und sekundären Sektor einerseits und des tertiären Sektors andererseits. In seinem Modell nimmt er an, daß die Zeit der Hochindustrialisierung um 1900 zugleich als Übergangsperiode zu einer Dienstleistungsgesellschaft (tertiären Zivilisation) verstanden werden könne. Während um 1800 der weitaus größte Teil (bei ihm ca. 80%) im agrarischen Bereich beschäftigt war, und die restlichen 20% sich gleichmäßig auf den sekundären und tertiären Bereich verteilten, werde – so seine Prognose in den 50er Jahren – sich das Verhältnis nach 2000 nahezu umgekehrt haben. Dann würden ca. 80% im Dienstleistungsbereich beschäftigt sein und die restlichen 20% sich ungefähr gleichmäßig auf den sekundären und tertiären Sektor verteilen – stattgefunden hätte dann also ein großer Wandlungsprozeß von einer agrarischen zu einer Dienstleistungsgesellschaft. Die Zeit der Hochindustrialisierung, von ihm als Übergangsperiode zur Dienstleistungsgesellschaft interpretiert, zeichne sich dadurch aus, daß sich hier der Anteil der Beschäftigten an den drei Wirtschaftssektoren auf einem annähernd gleichen Niveau eingependelt habe. Fourastiés Modell beruht auf der Annahme, daß hinsichtlich der Rationalisierungsmöglichkeiten in den drei Wirtschaftssektoren große Unterschiede bestünden, daß der Dienstleistungsbereich weit geringere Potentiale zur Steigerung der Arbeitsproduktivität enthalte als der primäre und sekundäre Sektor. Es liegt heutzutage auf der Hand, daß diese Annahme zeitbedingt war und angesichts der Auswirkungen der „mikro-elektronischen Revolution" modifiziert werden muß. Wir konnten in den letzten 20 Jahren verfolgen, wie sehr durch den Einsatz des Computers selbst qualifizierte Büroarbeit rationalisiert, wie rasch die Arbeitsproduktivität in großen Bereichen des Dienstleistungssektors gesteigert werden konnte.

1.1 Strukturveränderungen des sekundären Sektors während der Industrialisierung

Gehen wir nun wieder zum Industrialisierungsprozeß zurück. Wenn man von „Industrialisierung" spricht, dann thematisiert man selbstverständlich nicht eine einfache Expansion des sekundären Sektors, sondern man meint den Prozeß der Verschiebung von handwerklicher Tätigkeit zur Fabrikarbeit innerhalb dieses Sektors. Zahlen über diese Strukturveränderung des sekundären Sektors finden wir in der folgenden Tabelle.

Die Strukturveränderung im sekundären Sektor im 19. Jahrhundert unter dem Einfluß der Industrialisierung

Jahr	Verlag		Manufaktur/ Fabrik		Handwerk		Sekundärer Sektor		Anteil der Beschäft. an Gesamtwirtschaft
	1	2	1	2	1	2	1	2	%
1780	0,86	45	0,08	5	0,97	50	1,9	100	19
1800	0,96	43	0,12	6	1,12	51	2,2	100	21
1835	1,40	44	0,35	11	1,50	45	3,2	100	23
1850	1,50	39	0,60	16	1,70	45	3,8	100	26
1873	1,10	20	1,80	33	2,50	47	5,4	100	37
1900	0,50	5	5,70	60	3,30	35	9,5	100	37
1913	0,50	4	7,20	62	4,00	34	11,7	100	38

1 = Beschäftigte in Millionen; 2 = Anteil der Beschäftigten am sek. Sektor (in %)

Aus: Henning, Friedrich-Wilhelm: Die Industrialisierung in Deutschland 1800-1914, Paderborn 1973, S. 130

Bemerkungen zur Tabelle: Die beiden rechten Spalten vermitteln einen Überblick über die absolute und relative Ausdehnung des sekundären Sektors in seiner Gesamtheit: Während 1780 1,9 Millionen Produzenten in diesem Bereich tätig waren, was einem Anteil von 19% an allen Beschäftigten entspricht, arbeiteten hier 1913 11,7 Millionen. Das waren 38% aller Beschäftigten.

Zu den Entwicklungen in den nichtindustriellen Bereichen (Verlag und Handwerk): Zwischen 1780 und 1913 findet ein massiver Schrumpfungsprozeß des Verlagssystems statt; wir können aber auch erkennen, daß sich in der ersten Jahrhunderthälfte die absolute Zahl der hier Tätigen nahezu verdoppelt (auf 1,5 Millionen) und der Anteil der Verlagsarbeiter an allen Beschäftigten des sekundären Sektors nur um 6% (von 45% auf 39%) zurückgeht. In dieser Periode, in der sich gravierende Wandlungen der agrarischen Strukturen durchsetzten, frühkapitalistische Produktionsverhältnisse um sich griffen und der Prozeß des „demographischen Übergangs" begann, versuchte ein großer Teil der überschüssigen Bevölkerung im Verlagswesen unterzukommen, während in der zweiten Jahrhunderthälfte – und insbesondere der Periode der Hochindustrialisierung zwischen 1871 und 1914 – das Verlagssystem immer bedeutungsloser wurde. Zum Handwerk: In absoluten Zahlen sehen wir einen bemerkenswerten Zuwachs handwerklicher Tätigkeiten, wobei die Expansion zwischen 1850 und 1914 ins Auge sticht (also unmittelbar vor und während der Hochindustrialisierungsperiode). Diese Entwicklung widerspricht eklatant z.B. Marx' Prognosen über das Verschwinden des sog. „alten Mittelstandes“ und seiner Annahme, es würde sich unweigerlich eine dichotomische Klassenstruktur zwischen Unternehmern einerseits und der Arbeiterklasse andererseits – eine Klassenstruktur ohne Zwischenschichten – herausbilden. Andererseits darf nicht vergessen werden,daß sich gerade in der Hochindustrialisierungsperiode die strukturelle Situation des Handwerks massiv änderte. Wir können bereits um die Jahrhundertmitte feststellen, daß der Anteil teilweise proletaroider „Alleinmeister“ mit geringen Einkünften sehr hoch war, und in der Hochindustrialisierungsphase verschwanden dann auch viele traditionelle handwerkliche Berufe. Andere wurden wiederum zu erheblichen Umstellungen gezwungen, und nicht wenige gerieten in starke Abhängigkeitsverhältnisse zur Industrie. Aber viele handwerkliche Berufe profitierten auch vom Wachstum der Industrie und der Städte. Schließlich entstanden ganz neue handwerkliche Berufsgruppen als Folge der Industrialisierung – z.B. Mechaniker, Elektriker, Installateure etc. –, Berufsgruppen, denen die Industrialisierung die Chance zu Dienstleistungen vielfältiger Art bot (vgl. Geißler 1992, 26f.). Beim industriellen Sektor fällt vor allem der massive Ausbau in der Phase der Hochindustrialisierung auf: Zwischen 1873 und 1913 vervierfacht sich die Zahl der industriell Beschäftigten (von 1,8 Millionen auf 7,2 Millionen), womit sich der Anteil der hier Tätigen an der Gesamtzahl gewerblicher Produzenten nahezu verdoppelt (von 33% auf 62%).

Nach diesem einleitenden Überblick wollen wir den Industrialisierungsprozeß in Deutschland genauer beschreiben.

2. Phasen der Industrialisierung in Deutschland

Man kann die deutsche wie auch die englische Industrialisierung ganz schematisch in drei Stadien untergliedern (vgl. hierzu z.B. Henning 1973): in ein Vorbereitungsstadium, in dem Grundvoraussetzungen für den Industrialisierungsprozeß geschaffen wurden; diesem folgt eine erste, noch von wenigen Leitsektoren ausgehende Industrialisierungsperiode, in der die Industrie das Wirtschaftssystem langsam zu prägen beginnt; und das dritte Stadium bildet eine zweite Industrialisierungsphase, in der das Industriesystem ausgebaut und der Umwandlungsprozess von der agrarischen zur Industriegesellschaft abgeschlossen wird. In Deutschland könnte man als Vorbereitungsphase den Zeitraum zwischen 1800 und 1835 ansehen, als erste Industrialisierungsphase die Zeit zwischen 1835 und 1870 und als zweite die Phase der Hochindustrialisierung, die Zeit zwischen 1871 und 1914.

2.1 Die Vorbereitungsphase

Grundvoraussetzungen für die Industrialisierung waren einschneidende Wandlungen der agrarischen Strukturen, Wandlungen, die man in drei Einzelprozesse untergliedern kann: 1. Die Auflösung feudalistischer Abhängigkeiten, die Herstellung persönlicher Freiheit der Bauern. 2. Stimuli zum Verlassen des Landes für viele Agrarproduzenten, z.B. durch Verarmung, wachsende Existenzunsicherheit, die Vorstellung besserer Lebenschancen in der städtischen Industrie. 3. Massive Produktivitätssteigerungen der Agrarproduktion. Das Zusammenwirken dieser drei Einzelprozesse veränderte die agrarischen Strukturen in relativ kurzer Zeit so eingreifend, daß dafür der Ausdruck „Agrarrevolution" durchaus berechtigt ist. Bevor ich sozialhistorische Einzelheiten dieser Agrarrevolution schildere, sind einige theoretische Vorüberlegungen sinnvoll.

2.1.1 Vorbemerkungen zum Zusammenhang zwischen agrarischer und industrieller Revolution

Die Frage, warum Produktivitätssteigerungen der Agrarproduktion eine Grundvoraussetzung für den Industrialisierungsprozeß waren, läßt sich mit zwei Hinweisen beantworten:

1. Industrialisierung ist mit einer Verschiebung des Anteils der Produzenten in den drei Wirtschaftssektoren verbunden – eine prozentual kleiner werdende Gruppe landwirtschaftlich Tätiger muß eine wachsende Zahl der im sekundären und tertiären Sektor Beschäftigten ernähren.

2. Die europäische Industrialisierung war mit einer „Bevölkerungsexplosion“ verbunden, die Ausdehnung des sekundären und tertiären Sektors auf Kosten des primären war eine mit einer massiv expandierenden Gesamtbevölkerung einhergehende Verschiebung.

Auf die Produktivitätssteigerungen der agrarischen Arbeit, die vor der Industrialisierung stattfanden, werde ich noch ausführlich eingehen, freilich kann jetzt schon gesagt werden, was die Hauptquelle landwirtschaftlicher Produktivitätssteigerungen *während der Industrialisierung* selbst war: Es war dies die Nutzung der fundamentalen Technologien der Industrialisierung, die Nutzung der Technologie der Maschine, der Chemie und der Elektrizität. Es waren also die technologischen Rückwirkungen der Industrialisierung auf die Landwirtschaft, die die für die Expansion des Industriesystems notwendigen Produktivitätsschübe landwirtschaftlicher Produktion ermöglichten – der Industrialisierungsprozeß produzierte seine eigenen Voraussetzungen im Agrarbereich gewissermaßen selbst.

Nun noch eine kurze Bemerkung zum zweiten Teilprozeß im Agrarbereich, der für die Industrialisierung wichtig war – zur massenhaften Abwanderung von Arbeitskräften in die entstehenden Industriestädte. Man könnte sich fragen, ob diese Wanderungsbewegung tatsächlich für die Deckung des Arbeitskräftebedarfs der Industrie notwendig war, denn schließlich gab es ja die schon angesprochene Bevölkerungsexplosion, also eine gleichsam naturwüchsige Vermehrung auch des im sekundären Sektor beschäftigten Bevölkerungsanteils. Nun haben freilich Berechnungen (vgl. Henning 1973) gezeigt, daß diese Selbstvermehrung bei weitem nicht ausgereicht hätte, um den Arbeitskräftebedarf des expandierenden Industriesystems zu befriedigen. Der größte Teil seiner Beschäftigten mußte zwischen 1835 und 1900 aus Zuwanderern aus dem Agrarbereich rekrutiert werden. Damit nun aber diese agrarische Rekrutierung industrieller Arbeitskräfte überhaupt hat möglich werden können, mußte eine weitere Voraussetzung geschaffen werden, nämlich die Auflösung feudalistischer Abhängigkeitsverhältnisse auf dem Land, die Herstellung persönlicher Freiheit der Agrarproduzenten; ohne sie hätten ja gar keine Abwanderungsprozesse stattfinden können. Auf die gerade angedeuteten Teilprozesse (Auflösung feudalistischer Abhängigkeiten, Wanderungsbewegungen, Produktionssteigerungen landwirtschaftlicher Arbeit) will ich im folgenden ausführlicher eingehen.

2.1.2 Die „Bauernbefreiung"

In Deutschland gab es in vielen Gebieten im frühen 19. Jahrhundert noch verschiedene Formen feudalistischer Abhängigkeitsverhältnisse, die dann verstärkt ab etwa 1820 - im Zuge der sogenannten „Bauernbefreiung" aufgelöst wurden. Zwei solcher Formen seien – anknüpfend an Werner Sombart (vgl. 1923, 49ff.) – erwähnt: die „grundherrliche" und die in den ostelbischen Gebieten dominierende „gutsherrliche" Abhängigkeit. Die gutsherrliche Abhängigkeit umfaßte ein weit umfassenderes Bündel von Verpflichtungen des Bauern und Rechten des Herren als die grundherrliche, bei der der Bauer lediglich Abgaben in Geld oder Naturalien zu leisten hatte. Sombart beschreibt die Hauptmerkmale der gutsherrlichen Feudalbeziehung: „Sei es, daß (die Bauern) Zwangsgesindedienst auf dem Hof zu verrichten hatten (...), sei es daß sie mit ihrem Gespann zu pflügen, die Ernte einzufahren und andere Fuhren auszuführen hatten (das waren die sogenannten Spanndienste), sei es endlich, daß sie ihrer Hände Arbeit auf dem Felde oder im Hofe dem Gutsherrn zur Verfügung stellen mußten (was man Handdienste nannte). Alle Verpflichtungen zusammen hießen Frondienste. Selbstverständlich war das notwendige Korrelat einer solchen Arbeitsverfassung eine Beschränkung der Freizügigkeit: Die Bauern waren schollenpflichtig. Und der ganze Status, an dem die solcherart an die Scholle gefesselte und zu Frondiensten verpflichtete Bauernschaft sich befand, hieß man die Erbuntertänigkeit" (Sombart 1923, 50). Zu dieser Erbuntertänigkeit gehörte übrigens auch die Abhängigkeit des Heiratsrechts vom Willen des Grundherrn, sein Recht, die Erbfolge zu regeln, und die Ausübung der niederen Gerichtsbarkeit durch ihn. Diese Abhängigkeitsverhältnisse fielen nun in der ersten Hälfte des 19. Jahrhunderts mehr und mehr fort (vgl. z.B. Sombart 1923, 124), wobei – das ist nicht unwichtig – die Bauern den Guts- und Grundherrn dafür häufig recht ansehnliche Entschädigungsleistungen zu entrichten hatten – sie mußten sich also von der feudalistischen Abhängigkeit freikaufen, was teilweise einige Jahrzehnte dauern konnte. (Dieser langsame Weg der Überwindung des Feudalsystems auf dem Lande steht in deutlichem Gegensatz zur französischen Entwicklung, wo 1793 alle Leistungspflichten der Bauern ohne Entschädigung aufgehoben wurden.) Jedenfalls bedeutete dies Loskaufverfahren für manche Bauern eine große Belastung, die nicht selten zu ihrer Verarmung führte.

2.1.3 Maßnahmen zur Konzentration und Erweiterung des Bodens

Die „Bauernbefreiung" war nur ein Teilprozeß der Reformen, die die Agrarstrukturen wandelten. An zweiter Stelle sei auf die Maßnahmen zur Konzentration und Erweiterung des Bodens hingewiesen, welche z.B. die preußische „Landeskulturgesetzgebung" zwischen 1807 und 1821 bezweckte. Dabei ging es u.a. um die Überwindung der aus dem Mittelalter stammenden „Gemengelage", die eine produktive Bewirtschaftung des Bodens verhinderte. „Gemengelage" bedeutete, daß das Gesamtland jedes Bauern in viele kleine, innerhalb der Gemeindeflur liegende Teile aufgesplittert war, was eine individuelle und produktive Nutzung des Bodens verhinderte und die Bauern zu einer engen Kooperation zwang, wie sie im sog. „Flurzwang" zum Ausdruck kam. Denn da die „Gemengelage" zur Folge hatte, daß jeder Bauer seine Parzellen nur bewirtschaften konnte, indem er über die Parzellen der anderen fuhr – Wege gab es noch kaum – mußten alle Dorfgenossen die Bewirtschaftung des Bodens aufeinander abstimmen: Welche Frucht angebaut werden darf, wann der Acker zu bestellen ist, wann die Ernte fertig sein muß usw. (vgl. Sombart 1923, 48, 124). Unter die Maßnahmen zur Konzentration und Vergrößerung des Bodens fällt auch die Auflösung der sog. „Allmende", d.h. desjenigen Wald- und Weidelandes, auf dem alle Dorfbewohner Nutzungsrechte hatte. Die „Allmende" war Bestandteil der traditionellen Agrarverfassung, und sie war ein Ausdruck des Grundprinzips, das die traditionelle Agrarverfassung bestimmte: Daß die Gesamtheit der Dorfgenossen daraufhin wirkt, daß möglichst jeder eine auskömmliche „Nahrung" findet (vgl. Sombart 1923, 46f.). Ein dritter Aspekt der Maßnahmen zur Konzentration und Vergrößerung des Bodens war die Urbarmachung bisher brachliegender Flächen. In Preußen z.B. verdoppelte sich dadurch zwischen 1800 und 1860 die agrarische Nutzfläche (vgl. Henning 1973).

2.1.4 *Neue Techniken der Bodenbearbeitung*

Im 19. Jahrhundert wurden in Deutschland viele neue, produktivitätssteigernde Techniken der Bodenbearbeitung praktiziert. Wir können diese Techniken in drei Gruppen unterteilen. 1. Zunächst sei auf die Umstellung von der sogenannten Dreifelderwirtschaft zur Fruchtwechselwirtschaft hingewiesen, eine Umstellung, die in der ersten Hälfte des 19. Jahrhunderts wirksam wurde, aber schon früher begonnen hatte. Diese Umstellung bewegte sich noch ganz im Rahmen der traditionellen Agrartechnologien. „Dreifelderwirtschaft" bedeutete, daß von Jahr zu Jahr ein Drittel des Bodens brachliegen mußte, damit er sich erholen konnte, während bei der Fruchtwechselwirtschaft der regelmäßige jährliche Wechsel zwischen bestimmten Akkerfrüchten einer Bodenerschöpfung vorbeugt. 2. Ab Mitte des 19. Jahrhunderts begann die zweite fundamentale Technologie des Industriezeitalters – die Technologie der Chemie – bei der Bodenbearbeitung wirksam zu werden: Es kam zunehmend zum Einsatz künstlichen Düngers. Die künstliche Düngung, die wie kaum ein anderes Element die Landwirtschaft revolutioniert hat, beruhte auf den wissenschaftlichen Entdeckungen Justus von Liebigs; er hatte die Wachstumsvorgänge der Pflanzen chemisch untersucht und dabei festgestellt, daß die Pflanzen durch ihr Wachstum dem Boden bestimmte Mengen mineralischer Stoffe entziehen, die dem Boden zurückgegeben werden müssen, soll er seine Fruchtbarkeit bewahren oder erhöhen. 3. Auch die Schlüsseltechnologie der Industrialisierung – die Technologie der Maschine – begann spätestens ab dem letzten Drittel des 19. Jahrhunderts die Landwirtschaft immer stärker zu prägen. Es kam zum zunehmenden Einsatz von Landwirtschaftsmaschinen – angefangen bei der Dreschmaschine, die auch mehr und mehr mit Dampfkraft angetrieben wurde, bis hin zum Dampfpflug (vgl. Sombart 1923, 151ff.).

Die Landwirtschaftsreformen hatten eine unerhörte Produktivitätssteigerung landwirtschaftlicher Arbeit zur Folge. Sie verwandelten auch die ländliche Sozialstruktur. Besonders in den ostelbischen Gebieten kristallisierten sich mehr und mehr drei Schichten im agrarischen Bereich heraus: die Gutsherren, wohlhabende Bauern und eine große Gruppe landarmer und landlos gewordener agrarischer Existenzen, die ländlichen Lohnarbeiter, von denen dann viele zur geographischen Mobilität, zur Wanderung in die Städte oder zur Auswanderung gezwungen waren (vgl. Sombart 1923, 407; Eggebrecht u.a. 1980, 255ff.).

2.2 Gewerbereformen und Vergrößerung des Binnenmarktes

Die gerade skizzierten Agrarreformen waren natürlich nicht die einzige Voraussetzung für die deutsche Industrialisierung. Zwei weitere wichtige Prozesse seien hier nur kurz gestreift: die sog. „Gewerbereformen“ und die Vergößerung des deutschen Binnenmarktes.

1. Seit Anfang des 19. Jahrhunderts wurden in den deutschen Staaten die Maximen merkantilistischer Wirtschaftspolitik mehr und mehr zugunsten von Gesetzen aufgehoben, in denen sich deutlich der Einfluß der Lehren des Wirtschaftsliberalismus spiegelte. Sombart hat das Grundprinzip dieser sog. „Gewerbereformen“ zusammengefaßt: „Die ganze Fülle ökonomischer Initiative, die sich in den Regierungsstuben konzentriert hatte, wird gleichsam abgegeben; sie bekommt einen neuen Herrn: das einzelne, private Wirtschafssubjekt“ (Sombart 1923, 66). Der Gedanke der „freien Konkurrenz“ setzte sich zunehmend durch. Mit ihm entstanden Gesetze zur Herstellung von Gewerbefreiheit, Vertragsfreiheit, zur freien Verfügungsgewalt über das Eigentum etc. (vgl. Sombart 1923, 131f.).

2. Eine weitere Voraussetzung für die deutsche Industrialisierung war die zunehmende Überwindung der ökonomischen Zersplitterung Deutschlands, die Maßnahmen zur Vergrößerung und Vereinheitlichung des Binnenmarktes. Die Zurückgebliebenheit Deutschlands zu Beginn des 19. Jahrhunderts zeigt sich am deutlichsten bei einem Vergleich mit Großbritannien: Während in Großbritannien ein vereinheitlichter, zusammenhängender Markt bestand – der größte Binnenmarkt in Europa (vgl. Landes 1973, 57) –, zerfiel Deutschland noch 1815 in 34 souveräne Fürstentümer und 4 freie Reichsstädte, die durch Zollschranken voneinander getrennt waren, und auch innerhalb jedes dieser Gebiete gab es noch zahlreiche Binnenzölle. Friedrich List beschrieb diese Situation im Jahre 1819 folgendermaßen: „38 Zoll- und Mautlinien in Deutschland

lähmen den Verkehr im Innern und bringen ungefähr dieselbe Wirkung hervor, wie wenn jedes Glied des menschlichen Körpers unterbunden wird, damit das Blut ja nicht in ein anderes überfließe. Um von Hamburg nach Österreich, von Berlin in die Schweiz zu handeln, hat man zehn Staaten zu durchschneiden, zehn Zoll- und Mautordnungen zu studieren, zehnmal Durchgangszoll zu zahlen. Wer aber das Unglück hat, auf einer Grenze zu wohnen, wo drei oder vier Staaten zusammenstoßen, der verlebt sein ganzes Leben mitten unter feindlich gesinnten Zöllnern und Mautnern" (List, zit. n. Sombart 1923, 6f.). Diese ökonomische Zersplitterung wurde dann in Ansätzen 1834 durch die Gründung des deutschen Zollvereins aufgehoben; wie in der Gegenwart in Westeuropa, so ging auch in Deutschland der ökonomische Vereinheitlichungsprozeß der 1871 stattfindenden politischen Vereinheitlichung voraus.

Exkurs: Agrarrevolution und Industrialisierung in der Sowjetunion im Vergleich zum westeuropäischen Weg

Ich habe gerade einige der Grundvoraussetzungen für die deutsche Industrialisierung beschrieben, wobei ich vor allem die Bedeutung der agrarischen Umwälzungen herausgestellt habe. Die agrarischen Umwälzungen und die Industrialisierung waren in Deutschland in eigentümlicher Weise miteinander verzahnt, aber wir finden in allen westeuropäischen Ländern einen in seinen Grundmerkmalen ähnlichen Prozeß, der freilich nirgends das Produkt bewußter Planung war. In den westeuropäischen Ländern war die agrarische „Vorbereitung" der Industrialisierung und auch die erste Industrialisierungsphase für viele Menschen leidvoll; aber wir sollten uns auch vor Augen halten, daß die negativen Merkmale der westeuropäischen kapitalistischen Transformation der Agrar- in eine Industriegesellschaft sich gering ausnehmen, wenn wir sie mit ihrem großen Gegentypus vergleichen, nämlich der sowjetischen in diesem Jahrhundert. Die folgende Skizze wird zeigen, daß die geplante „nachholende" Agrarrevolution und Industrialisierung in der Sowjetunion, die sich als positives Gegenmodell begriff, der Bevölkerung ein ungleich höheres Maß an Opfern abverlangt hat als die westeuropäische.

In der Sowjetunion bestand nach der Oktoberrevolution und dem Bürgerkrieg eine ganz merkwürdige Grundsituation:

eine kleine marxistische Partei übte diktatorisch die politische Herrschaft in einem Land aus, dessen Gesellschaftsstruktur und technische Entwicklung in allen Punkten den von Marx für eine sozialistische Revolution anvisierten Voraussetzungen widersprach. In Marx' teleologischer Geschichtsphilosophie erwuchsen erst aus der industriellen Transformation der Gesellschaft die Bedingungen für den revolutionären Übergang zum sozialistischen Endziel der Geschichte, aber die Sowjetunion war ja noch ein weitgehend vorindustrielles Land, dessen soziale Grundstruktur eher derjenigen Englands um 1750 und Deutschlands um 1800 glich als derjenigen der westeuropäischen Länder der Gegenwart, denn in der Sowjetunion waren noch ca. 80% der Bevölkerung im agrarischen Bereich tätig. Aufbau des Sozialismus mittels der diktatorischen Herrschaft einer marxistischen Partei konnte aber in diesem Land nichts anderes bedeuten als Aufbau der von Marx anvisierten sozialen und technischen Voraussetzungen für den Sozialismus. Dasjenige, was für Marx Prämisse der revolutionären sozialistischen Umgestaltung gewesen war – die Industriegesellschaft –, mußte unter den sowjetischen Bedingungen zum Ziel revolutionärer Praxis erhoben werden. In Lenins Slogan „Kommunismus gleich Sowjetmacht plus Elektrifizierung" ist diese „Verkehrung" des Marxismus auf den Punkt gebracht, eine Verkehrung, die gravierende Folgen für die sowjetische Gesellschaftsentwicklung hatte. Denn das in dieser Formel angesprochene Ziel, eine Industriemacht „planmäßig" aus dem Boden zu stampfen und in kürzester Zeit die entwickelten Staaten Westeuropas technisch zu überholen, hatte ja zur Voraussetzung, daß auch die alte vorindustriell-agrarische Ordnung schnellstmöglich durch diktatorische Herrschaft „planmäßig" zerstört werden mußte. Kurz: In der Sowjetunion wurde die bewußte Vernichtung der traditionellen vorindustriell-agrarischen Ordnung zu einem Zentralelement der Ideologie und Praxis der diktatorisch herrschenden Partei. Was sich in den westeuropäischen Ländern in jahrzehntelangen eigendynamischen Wandlungsprozessen im agrarischen Bereich zu Grundvoraussetzungen der Industrialisierung entwickelt hatte, sollte in der Sowjetunion durch einen „planmäßigen" gigantischen Prozeß der Zwangskollektivierung innerhalb weniger Jahre realisiert werden. Durch Maschinisierung der Kolchosbetriebe erhoffte man sich eine schnelle Steigerung landwirtschaftlicher Produktivität, Niedriglöhne der Kolchosarbeiter sollten zur Bildung eines Industrialisierungsfonds beitragen, und die Arbeitskräfte für das neue Industriesystem sollten aus den Reihen der überschüssigen Landbevölkerung rekrutiert werden. Die Zwangskollektivierung wurde innerhalb von drei Jahren (zwischen 1929 und 1933) durchgezogen, sie veränderte von heute auf morgen vollständig die traditionelle russische Gesellschaftsstruktur. Zurecht wird sie von Kolakowski oder Bullock als der „wahrscheinlich größte Krieg, den ein Staat jemals in der Geschichte gegen eine Bevölkerung durchgeführt hat" (Kolakowski 1988, 50; Bullock 1991, 374), bezeichnet, denn allein in diesen drei Jahren fielen ihr ca.12 Millionen Menschen zum Opfer. Die Zwangskollektivierung der Landwirtschaft war eine Grundvoraussetzung für den sowjetischen, den „planwirtschaftlichen" Industrialisierungsweg, den großen Gegentypus zur westeuropäischen Industrialisierung. Freilich: Selbst wenn man einmal von den großen Opfern absieht und sie nur unter Gesichtspunkten ökonomischer Effizienz bewertet, selbst dann läßt sie sich nur als riesiges Desaster bezeichnen. Denn es zeigt sich bis in die Gegenwart, daß die Kolchoswirtschaften viel unproduktiver als freie Bauernbetriebe waren, so daß die sowjetische Industrialisierung auf der Basis einer weitaus schlechteren Ernährungssituation der Bevölkerung als in Westeuropa stattfinden mußte.

3. Aspekte der ersten deutschen Industrialisierungsphase

3.1 Wirtschaftliche Leitsektoren

Was waren die „primären Wachstumssektoren" (vgl. Rostow 1960) der ersten deutschen Industrialisierungsphase zwischen 1835 und 1871 im Vergleich zur englischen Industrialisierung? Die Leitsektoren der ersten englischen Industrialierungsphase zwischen 1780 und 1840 waren bekanntlich die Betriebe der Textilindustrie, die im Jahre 1851 rund 2,2 Millionen Arbeiter – das war ca. 1/10. der Gesamtbevölkerung und über 1/5 aller Berufstätigen Großbritanniens (vgl. Eggebrecht u.a. 1980, 195) – beschäftigte. In Deutschland dagegen wurde die erste Industrialisierungsphase von der Schwerindustrie getragen, deren Wachstum vor allem auf die vom Aufbau des Eisenbahnnetzes ausgehenden Anreize zurückzuführen ist. Daß der Eisenbahnbau die deutsche Industrialisierung ganz wesentlich in Gang setzte, läßt sich gewissermaßen als „Umkehrung" der englischen Entwicklung beschreiben: Während in Großbritannien ein bereits weit entwickeltes Industriesystem automatisch eine Nachfrage nach der Maschinisierung des Transportwesens erzeugte, existierte in Deutschland noch kaum Industrie. Es war weniger eine tatsächliche Vergrößerung der Nachfrage nach neuen Transportleistungen, sondern die Erwartung einer zukünftigen Nachfragesteigerung, die den Eisenbahnbau – und damit den Aufbau der deutschen Industrie – stimulierte. Für den Eisenbahnbau bedurfte es natürlich eines gewaltigen Kapitalbedarfs,dessen Dimensionen die folgenden von Sombart präsentierten Zahlen zu illustrieren vermögen: Wenn man die Gesamtheit der auf den Eisenbahnbau bis 1910 verausgabten Kosten umrechnet, dann kommt man zum Ergebnis, daß in 70 Jahren durchschnittlich ca. 340.000 Menschen jährlich nichts anderes getan haben, als das herzustellen, was zum Eisenbahnbau gehört (vgl. Sombart 1923, 241). Der Eisenbahnbau verschlang gewaltige Kapitalsummen, und es ist völlig berechtigt, ihn als einen Motor der Kapitalismusentwicklung in Deutschland zu bezeichnen, denn es war bis in die 70er Jahre nicht der Staat, sondern privates, in Aktiengesellschaften zentralisiertes Kapital, das den Eisenbahnbau maßgeblich finanzierte. Die Arbeitskräfte für den Eisenbahnbau wurden aus der durch die Agrarreformen und den Bevölkerungszuwachs entstandenen „Überschußbevölkerung" (vgl. Sombart 1923, 243) rekrutiert. Der Aufbau des deutschen Eisenbahnnetzes läßt sich in vier Etappen unterteilen: Zunächst die „Vorstufe" (1835-1845), als einige, nicht allzu weit voneinander liegende Städte miteinander verbunden wurden; sodann die Periode des „Skelettbaus" (1845-1870), in der die Hauptstädte des Landes und die Peripherie mit dem Zentrum verbunden wurden; drittens die Periode des „Ausbaus" (1870-1880), in der fast alle Städte miteinander verbunden wurden; und schließlich die Periode der „Verästelung" (1880-1910), in der das Hauptnetz durch ein Netz von Kleinbahnen ergänzt wurde, durch das selbst kleinere Dörfer an die Eisenbahn angeschlossen wurden (vgl. Sombart 1923, 239; Henning 1973, 159ff.).

Trotz der gewaltigen Impulse, die vom Eisenbahnbau auf die deutsche Industrialisierung ausgingen, war das entstehende Industriesystem bis zum letzten Drittel des 19. Jahrhunderts noch keineswegs fähig, die durch die agrarischen Umwälzungen und die Bevölkerungsentwicklung hervorgebachte überschüssige Bevölkerung zu absorbieren. Wie gedrückt insbesondere in der ersten Industrialisierungsphase die soziale Situation der proletarisierten Bevölkerung war, demonstriert kaum ein Phänomen besser als die Massenauswanderung aus Deutschland im 19. Jahrhundert.

3.2 Die Wanderungsbewegungen

Die Massenauswanderungen aus Deutschland demonstrieren am krassesten die negativen Folgen des gesellschaftlichen Transformationsprozesses, bei dem drei Einzelentwicklungen zusammenwirkten: Die Umwandlung der Agrarstruktur, die Herausbildung des Industriesystems und die Bevölkerungszunahme. Freilich waren die Auswanderungen nur ein Teil jener Wanderungsbewegungen, durch die sich das 19. Jahrhundert von früheren Jahrhunderten unterschied und die seitdem zu einem Signum moderner Gesellschaften als mobiler Gesellschaften geworden sind. Die großen Analytiker der Gesellschaftsentwicklung im 19. Jahrhundert – insbesondere Sombart – haben das qualitativ neue dieser „Mobilität" sehr sensibel registriert. Sombart etwa schreibt: „Bevölkerungsschichten, die seit Jahrhunderten so fest an ihrer Scholle geklebt hatten, wie nur irgend ein Bodengewächs, sie kommen in Bewegung, und nun lösen sich Scharen vom Boden los und wandern aus ihrer Heimat fort" (Sombart 1927, 383). In Sombarts Zitat klingt der Gegensatz von Statik und Bewegung als ein charakteristischer Gegensatz zwischen der Agrar- und Industriegesellschaft an, wobei wir uns freilich hüten sollten, diesen Gegensatz zu verabsolutieren, denn auch in der vorindustriellen Welt waren immer Menschengruppen mobil. Aber die vorindustriellen Wanderungsbewegungen sind quantitativ und qualitativ nicht mit den im 19. Jahrhundert einsetzenden Wanderungen vergleichbar, und es ist Sombart zuzustimmen, wenn er schreibt: „Es heißt ... jedes Sinnes für geschichtliche Zusammenhänge bar sein, wenn man nicht einsieht, daß erst die hochkapitalistische Periode diese ... Wanderungen zu einer allgemein verbreiteten

Massenerscheinung gemacht hat ..." (Sombart 1927, 391). „Rechnet man ... alle diejenigen zusammen, die im 19. Jahrhundert auf dem Wege der Binnenwanderung oder der Auswanderung ihren Wohnort verlegt haben, so wird man nicht in Zweifel sein können, daß in der Tat während dieser Zeit Deutschland eine Völkerbewegung, eine Bevölkerungsumschichtung, eine Völkerwanderung erlebt hat, mit der verglichen die Schiebungen der vergangenen Jahrhunderte, einschließlich derjenigen, die man die Jahrhunderte der Völkerwanderung schlechthin nennt, zu winzigen Ereignissen zusammenschrumpfen. Und nun noch dazu die Tausende von Millionen Reisender! Wahrhaftig: Von der Vogelschau aus gesehen, gleicht heute das deutsche Reich einem Ameisenhaufen, in den der Wanderer seinen Stock gestoßen hat" (Sombart 1923, 407f.). Im 19. Jahrhundert entwickelten sich vier Formen von Wanderungsbewegungen zu Massenphänomenen: 1. Die Auswanderung (Emigration). 2. Die Binnenwanderung, bei der man die Nah- und Fernwanderung unterscheiden sollte. Geographisch war die Fernwanderung in Deutschland vor allem eine Ost-West-Wanderung, d.h. eine Wanderung von den primär agrarisch bestimmten Gebieten Ostdeutschlands in die sich industrialisierenden Gebiete im Westen, vor allem ins Ruhrgebiet. 3. Die Einwanderung (Immigration). Auch sie war vor allem eine Ost-West-Wanderung. Besonders im letzten Drittel des 19. Jahrhunderts strömten viele Einwanderer aus Polen ins Ruhrgebiet. 4. Die periodische Wanderung. Dies waren saisonal bestimmte, periodisch wiederkehrende Wanderungen, die vor allem als Folge der veränderten Agrarstruktur einsetzten und ab Mitte des 19. Jahrhunderts besonders im Osten zu einem charakteristischen Phänomen wurden. Hier entstanden als Folge der Auflösung der alten Feudalstruktur und der sich rationalisierenden Bodenbearbeitungsmethoden verschiedene Gruppen ländlicher Lohnarbeiter. Eine wichtige Gruppe bildeten die nur saisonal Beschäftigten – darunter viele ausländische Wanderarbeiter (v.a. aus Polen), die die niedrigste Schicht im ländlichen Sozialgefüge bildeten. Im folgenden nur einige Bemerkungen zur Auswanderungsbewegung (vgl. hierzu v.a. Marschalck 1973). Deutschland war während des gesamten 19. Jahrhunderts ein Auswanderungsland, und die deutschen Auswanderer bildeten einen bedeutenden Teil innerhalb des gesamteuropäischen Prozesses der Massenauswanderung. Man schätzt allein die Zahl der deutschen Überseewanderer im 19. Jahrhundert auf ca. 6 Millionen, die, wie wir auf der folgenden Graphik deutlich erkennen können, in drei großen Wellen das Land verließen.

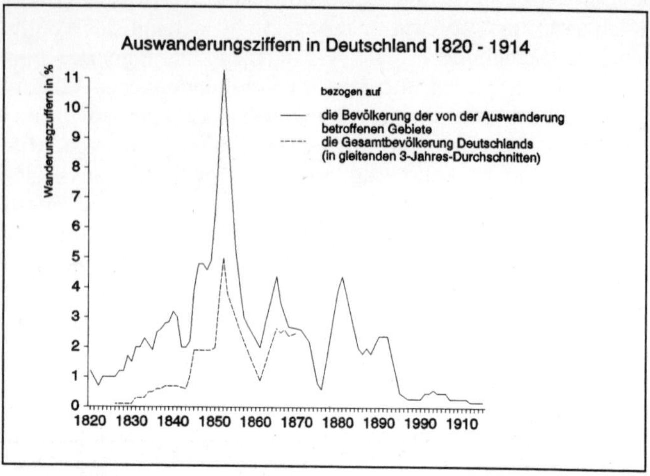

Graphik entnommen aus: P. Marschalck: Deutsche Überseewanderung im 19. Jahrhundert, Stuttgart 1973, S. 40

Wir sehen auf der Graphik, daß in der Zeit zwischen 1845 und 1858 ca. 1,4 Millionen auswanderten; in der Zeit zwischen 1864 und 1873 war es ca. 1 Million, und in der letzten Periode zwischen 1880 und 1893 waren es ca. 1,8 Millionen. Erst Ende des 19. Jahrhunderts sinken in Deutschland drastisch die Auswanderungsziffern. Um die Jahrhundertwende (1895-1905) hatte Deutschland sogar aufgrund starker kontinentaler Einwanderungen einen zahlenmäßigen Wanderungsgewinn, also Einwanderungszahlen, die größer waren als die Auswanderungszahlen. Diese Einwanderer kamen vor allem aus Mittelost- und Osteuropa, besonders aus Polen. Ihr Zielgebiet war, wie das der deutschen Fernwanderer, vor allem das rheinisch-westfälische Industriegebiet, das Ruhrgebiet. Hier expandierte der Anteil der aus dem Ausland – vor allem aus Polen – kommenden Industriearbeiter an der Gesamtzahl der Industriearbeiterschaft überproportional, worauf noch heute die vielen aus dem Polnischen kommenden Namen im Ruhrgebiet hinweisen. Erst um diese Zeit hatte sich das deutsche Industriesystem soweit entwickelt, daß es nicht nur die – gerade zu dieser Zeit noch einmal massiv wachsende – deutsche Bevölkerung, sondern zusätzlich noch große Gruppen von ausländischen Arbeitern zu absorbieren vermochte.

4. Aspekte der deutschen Hochindustrialisierungsphase

4.1 Urbanisierung

Einer der sozialgeschichtlich wichtigsten Prozesse in der Periode der deutschen Hochindustrialisierung zwischen 1871 und 1914 war der rapide Verstädterungsprozeß, dessen Ausmaße die folgende Tabelle verdeutlicht.

Verstädterung Deutschlands, 1871-1910

Gemeindegrößenklasse	Anteil der Einwohner an der Reichsbevölkerung (in %)	
	1871	1910
Städte mit (über 100 000 Einwohnern)	4,8	21,2
Städte mit (10 000 – unter 100 000 Einwohnern)	7,7	13,4
Städte mit (5 000 – unter 10 000 Einwohnern)	11,2	14,1
Städte mit (2 000 – unter 5 000 Einwohnern)	12,4	11,3
Landgemeinden mit (unter 2 000 Einwohnern)	63,9	39,9

Aus: W. Köllmann, Bevölkerung und Raum in neuerer und neuester Zeit. Raum und Bevölkerung in der Weltgeschichte, Bd. 4[3], Würzburg 1965, S. 992 (Bevölkerungsploetz)

Den höchsten Verstädterungsgrad bis 1910 erreichte die Rheinprovinz, in der fast ¾ der Bevölkerung in städtischen Siedlungen, davon über die Hälfte in Großstädten lebte. Ganz rapide wuchs in diesem Zeitraum übrigens auch Berlin, das 1870 erst

800.000 Einwohner zählte, und 1910 bereits drei Millionen. (Dieser Zuwachs war allerdings auch das Ergebnis verschiedener Eingemeindungen). Am Beispiel Berlins hat man bereits Anfang des Jahrhunderts statistisch einige Grundprobleme des Urbanisierungsschubs in der Hochindustrialisierungsphase aufzeigen können. Nur ein Hinweis: In Berlin lebten vor dem ersten Weltkrieg etwa 600.000 Personen in Wohnungen, in denen jedes Zimmer mit mehr als vier Personen besetzt war (vgl. Schäfers 1976, 243f.). Ähnliche Verhältnisse gab es bei den einkommensschwachen Gruppen in allen rasch expandierenden Städten. Überliefert ist aus dieser Zeit der Stadtüberfüllung auch das sog. „Schlafgängertum": Ärmere Familien vermieteten nicht Zimmer, sondern Betten, um ihren Lebensunterhalt etwas aufzubessern.

Die Verstädterung in Deutschland war das Ergebnis ganz neuartiger Prozesse der Binnenwanderung. Dabei stand die Fernwanderung aus dem agrarisch bestimmten deutschen Osten in die Industriegebiete des Westens an erster Stelle. Man sollte aber auch darauf hinweisen, daß sich die Stadt-Landwanderung in der Stadt-Stadt-Wanderung fortsetzte, der Bevölkerungsumschlag der Städte also wesentlich höher war als ihr Wanderungsgewinn. „Es ist heute kaum noch vorstellbar, wie nomadenhaft sich die Bevölkerung, insbesondere die unteren Schichten, am Ende des 19. Jahrhunderts verhalten mußte. Etwa jeder zweite verließ seine Heimatstadt. Auf der Suche nach einem Arbeitsplatz zogen die Menschen dann von Stadt zu Stadt, von Betrieb zu Betrieb. Von den Neuankömmlingen des Jahres 1891 in Frankfurt am Main wanderten 2/3 innerhalb eines Jahres weiter. In manchen Ruhrgebietsstädten betrug die durchschnittliche Betriebszugehörigkeit zu Beginn dieses Jahrhunderts oft weniger als ein Jahr" (Geißler 1992, 30f.).

4.2 Wandlungen der Industriestrukturen

Ab etwa 1870 kam es zu bedeutsamen Wandlungen der Industriestruktur. Einige dieser Wandlungen seien kurz skizziert.

1. Zunächst fällt die Tendenz zur großbetrieblichen Struktur, zur Konzentration und Zentralisation des Industriekapitals auf. Zwei Zahlenhinweise: 1. Während 1875 noch 64% aller Arbeiter in Betrieben bis zu fünf Beschäftigten arbeite-

ten, hatte sich 1907 der Anteil der Arbeiter in dieser betriebsgrößenklasse auf 31% reduziert, die Masse der Beschäftigten konzentrierte sich in der Betriebsgrößenklasse von 50 bis 1000 Beschäftigten. 2. Zwischen 1873 und 1894 ging im rheinisch-westfälischen Industrierevier die Zahl der Bergwerke von 268 auf 164 zurück, aber ihre Produktion stieg um das Dreifache und ihre Arbeiterzahl von 51.000 auf 128.000 (vgl. Henning 1973).

2. Mit der Entstehung von großbetrieblichen Strukturen gingen Änderungen auf der Ebene der Betriebsleitung einher. Die Organisationsform der Kapitalgesellschaft, die sich Ende des 19. Jahrhunderts als Organisationsform der Großunternehmen immer mehr durchsetzte, lockerte die unmittelbare Verbindung zwischen dem im Betrieb investierten Kapital und dessen individuellen Besitzern. Besitz und Kontrolle des Unternehmens, früher in Personalunion vom Unternehmer ausgeübt, differenzieren sich auseinander, werden Attribute veschiedener Kategorien von Personen.
3. Die systematische Integration wissenschaftlicher Forschung in den Produktionsprozeß beginnt. Vorreiter dieses neuen Verhältnissen von Wissenschaft und Produktion wurden die chemische und die Elektroindustrie, Industriezweige, in denen Deutschland eine international führende Rolle innehatte (vgl. Landes 1973, 305ff.)
4. Mit der Entstehung großbetrieblicher Strukturen kam es zu Wandlungen innerhalb der Arbeitnehmerschaft. Die wichtigste Differenzierung war diejenige zwischen den in der unmittelbaren Produktion beschäftigten Arbeitern und einer nunmehr überproportial wachsenden Gruppe von Büroangestellten. Bis zum ersten Weltkrieg war der Sektor der Büroarbeit im Industriebetrieb noch eine eindeutig vom Produktionsprozeß abgesetzte Sphäre „geistiger Arbeit". Dem entsprach ein besonderes Sozialprestige der Angestellten, das auch deren Berufsverbände, die sich Ende des 19. Jahrhundert zu konstituieren begannen, betonten. Angestellte bezeichneten sich normalerweise als „Privatbeamte" und legten in ihrem Lebensstil großen Wert auf die Absetzung von den Arbeitern. Diese Absetzung geschah nicht ohne Grund: Angestellte verfügten normalerweise über eine höhere Schulbildung als die Arbeiter und

durchliefen eine mehrjährige, qualifizierte Ausbildung. Innerhalb des Betriebs trugen sie in hohem Maß Unternehmerfunktionen mit. Ihre Teilhabe an der Autorität der Unternehmensleitung war gesichert; die Angestellten traten – ausdrücklich dazu legitimiert – der restlichen Belegschaft gegenüber als „verlängerter Arm" des Chefs auf (hierzu Lederer 1912). Nach dem ersten Weltkrieg begann sich in der soziologischen Literatur für die Angestellten der Begriff „neuer Mittelstand" durchzusetzen (z.B. Geiger 1932/1967; Victor 1931), und dieser „neue Mittelstand" wurde wegen der massiven Veränderungen der Arbeitssituation und des Lebensstandards großer Gruppen der Angestellten mehr und mehr zum Problem der Soziologie (vgl. hierzu v.a. Kracauers Studie von 1928/1971). Man stellte fest, daß mit der rapiden Ausdehnung von Angestelltentätigkeiten Dequalifizierungsprozesse entstanden waren und daß die Angestelltenschaft von den ökonomischen Krisen besonders hart getroffen wurde. Eine – freilich recht pauschalisierende Bemerkung – des Soziologen Küstermeier aus dem Jahre 1932 über „die" Angestellten demonstriert, wie sehr sich innerhalb einiger Jahrzehnte Bereiche der Büroarbeit gewandelt haben: „Was die Angestelltenschaft ehedem über die Arbeiterschaft erhob, das war ihre weniger mechanische, mehr geistige, vielfach der Arbeiterschaft gegenüber auch leitende, anordnende, beaufsichtigende Tätigkeit, schließlich ihr höheres Einkommen. Alle diese Unterschiede sind entweder gänzlich oder bis auf kümmerliche Reste verschwunden. Der Angestellte wird genauso wie der Arbeiter, vielleicht sogar noch mehr, in zunehmendem Maße Anhängsel von Maschinen, er hat genau wie der Arbeiter bis ins letzte spezialisierte, schließlich rein mechanische Teilarbeit zu leisten, er hat kein höheres Einkommen mehr als die Arbeiter, er ist derselben Existenzunsicherheit verfallen wie sie" (Küstermeier 1932, 772).

VII. Zur Bevölkerungsentwicklung während der Industrialisierung

In den bisherigen Ausführungen wurde einige Male auf die Bevölkerungsvermehrung während der europäischen Industrialisierung hingewiesen, auf eine Bevölkerungsentwicklung, die man in nicht ganz zufälliger Anlehnung an den Begriff der „industriellen Revolution“ manchmal auch als „demographische Revolution“ bezeichnet. Im folgenden will ich diese Entwicklung genauer behandeln. Es soll aufgezeigt werden, daß – und warum – die Transformation der Agrar- in eine Industriegesellschaft in Europa mit der Herausbildung einer neuartigen „Bevölkerungsweise“ einherging. Dabei wird auch die Verlaufsform dieses Prozesses in Deutschland nachgezeichnet. Am Schluß gehe ich dann kurz auf die Frage ein, ob die gegenwärtige Bevölkerungsexplosion in den Entwicklungsländern Parallelen zum „demographischen Übergang“ in Europa aufweist.

Einführend zunächst einige begriffliche Hinweise (vgl. Bolte u.a. 1980, 13ff.).

Das Grundverhältnis, das die Bevölkerungsentwicklung bestimmt, ist – wenn man die Wanderungsbewegungen ausklammert – das Verhältnis zwischen den Geburten- und Sterbeziffern, das auch als „bio-soziale Bevölkerungsbewegung“ bezeichnet wird. („Bio-sozial“, weil biologische Tatsachen wie Geburt, Tod, Geschlecht, Fruchtbarkeit, Lebensalter in vielfältiger Weise sozial bedingt und überformt sind). Das Verhältnis zwischen Geburten- und Sterbeentwicklung ist von vielen Einzelfaktoren abhängig (zum Beispiel der Verheiratungsquote, dem Generationenabstand, dem Verhältnis zwischen ehelichen und unehelichen Fruchtbarkeitsziffern), und die typische Art des Zusammenwirkens derartiger Faktoren in einer bestimmten

Zeitperiode einer gesellschaftlichen Einheit wird „Bevölkerungsweise“ oder „generative Struktur“ genannt.

Wir wollen im folgenden zunächst Grundmerkmale der vorindustriellen europäischen Bevölkerungsweise skizzieren, welche dann während der Industrialisierung durch einen Prozeß des „demographischen Übergangs“ in eine ganz neuartige „industrielle Bevölkerungsweise“ transformiert wurde.

1. Aspekte der vorindustriellen Bevölkerungsweise

Wir wissen, daß alle vorindustriellen Gesellschaften ein in ihren Grundelementen ähnliches Muster der Bevölkerungsentwicklung aufwiesen: hohe Geburtenziffern gingen infolge niedriger Lebenserwartung mit hohen Sterbeziffern einher, und diesem Grundverhältnis entsprach ein nur langsames Bevölkerungswachstum. Innerhalb dieses für alle vorindustriellen Gesellschaften gemeinsamen Rahmens gab es viele raum-zeitlich divergierende Einzelfaktoren generativer Strukturen, über die wir nur in seltenen Fällen exaktere Angaben treffen können. Nun gibt es freilich genügend Hinweise für die These, daß sich in vielen Gebieten Mittel-, West- und Nordeuropas zwischen dem 16. und dem Ende des 18. Jahrhunderts eine Bevölkerungsweise ausbildete, die sich von andernorts bestehenden vorindustriellen generativen Strukturen der damaligen Zeit durch einige Besonderheiten abhob. Diese Besonderheiten betreffen vor allem die Heiratsregelungen, die „european marriage patterns“ (vgl. Hajnal 1965; Goody 1986), die wir im Zusammenhang mit der Darstellung vorindustrieller Familienstrukturen noch genauer behandeln werden. An dieser Stelle begnüge ich mich mit dem Hinweis auf wenige Grundelemente dieser Heiratsmuster.

1. Der Personenkreis der Heiratenden war begrenzt. Im Gegensatz zur industriellen Gesellschaft, in der prinzipiell jeder, der heiraten will, heiraten darf, war im vorindustriellen Deutschland die Heirat von der Erlaubnis obrigkeitlicher Instanzen abhängig. Als Hauptkriterium galt, nur solche Personen zur Heirat und Familiengründung zuzulassen, die den Besitz einer in der ständischen Ordnung verankerten „Vollstelle“ nachwei-

sen konnten (vgl. Mackenroth 1972, 35f.), die ihnen ein standesgemäßes Auskommen zu sichern versprach. Was als „Vollstelle“ oder „standesgemäße Nahrung“ angesehen wurde, folgte den ständischen Gliederungen der Gesellschaft und variierte zeitlich und, wie immer in der vorindustriellen europäischen Ordnung, regional. Im Regelfall beinhaltete es im Agrarbereich die Übernahme eines Hofes, im städtischen die Übernahme eines Handwerksbetriebes. Die Gewährung der Eheerlaubnis oblag in vielen Gebieten den Grund- und Gutsherren und im städtischen Bereich den Magistraten der Städte oder den Zünften und Gilden. Derartige Heiratsbeschränkungen, die in Deutschland erst mit den agrarischen und gewerblichen Reformen seit Anfang des 19. Jahrhunderts zurückgingen, drängten eine nicht unbeträchtliche Anzahl von Menschen in ein „Zwangszölibat“. Zum Beispiel geht der Bevölkerungswissenschaftler Marschalck in einer Modellrechnung davon aus, daß im vorindustriellen Deutschland ca. 30 % aller Frauen unverheiratet blieben (vgl. Marschalck 1984, 19).

Halten wir fest: Das Heiraten ist erst mit der Industriegesellschaft zu einer Selbstverständlichkeit geworden. In der vorindustriellen Gesellschaft war immer ein großer Bevölkerungsteil aus dem Kreise der Heiratsfähigen ausgeschlossen, „Heiratsfähigkeit“ wurde nicht biologisch, sondern sozial definiert, und wie es definiert wurde, variierte raum-zeitlich, war aber im wesentlichen an die Fähigkeit zur Versorgung einer Familie geknüpft. Erst mit der Industriegesellschaft entwickelte sich das Heiraten zu einem selbstverständlichen Bestandteil, einer Quasi-Konstante in der Lebensperspektive. Bis zu den ersten Anzeichen eines erneuten Wandels ab den siebziger Jahren unseres Jahrhunderts verheirateten sich im Laufe ihres Lebens über 90% der Bevölkerung.

2. Eine der Folgen der gerade angesprochenen Heiratsregelungen in der vorindustriellen Gesellschaft war ein relativ hohes Heiratsalter (vgl. Mitterauer/Sieder 1980, 50ff.), also eine altersspezifische Begrenzung des Kreises der Heiratenden. Erst zwischen dem fünfundzwanzigsten und dreißigsten Lebensjahr – und oft auch erst später – wurde geheiratet, und dieses hohe Heiratsalter betraf Männer und Frauen. Diese altersspezifische Heiratsregelung bewirkte einen großen Generationenabstand und eine Reduktion der fraulichen Fruchtbarkeitsphase, es han-

delt sich hier um eine soziale Regelung zur Einschränkung der weiblichen Fruchtbarkeit. Zwar war die Fruchtbarkeit in der Ehe hoch, was aber keineswegs eine hohe Zahl überlebender Kinder zur Folge haben mußte: Von den Neugeborenen überlebte nur ein Teil; die hohe Sterblichkeit im Zusammenhang mit den erwähnten sozialen Regelungen führte selbst bei Ehen, die bis zum fünfundvierzigsten Lebensjahr der Frau bestanden, nicht sehr häufig – wie Untersuchungen über einzelne Regionen zeigen – zu mehr als drei Kindern

3. Für die Bevölkerungsentwicklung ist auch die nicht-eheliche Fruchtbarkeit – die „Illegitimitätsquote" – ein wichtiger Faktor, und es gibt eine verbreitete Meinung, daß hohe Illegitimitätsquoten typisch für die vorindustrielle Gesellschaft gewesen seien. Viele Informationen (vgl. Flandrin 1978) deuten freilich darauf hin, daß das Gegenteil der Fall war: Im vorindustriellen Deutschland wurde die nicht-eheliche Fruchtbarkeit durch vielfältige, teils äußerst repressive soziale Normierungen unterdrückt; auch dies bewirkte, daß nicht das Maximum der demographisch möglichen Fruchtbarkeit erreicht wurde

Soweit einige Hinweise zu Teilfaktoren der vorindustriellen Bevölkerungsweise Mittel- und Westeuropas. Ich fasse noch einmal zusammen: Gewissermaßen den Rahmen dieser generativen Struktur bildet ein hohes und annähernd gleiches Niveau der Geburten- und Sterbeziffern, so daß es nur zu einem verhältnismäßig langsamen Wachstum der Bevölkerung kommen kann. Quasi-Konstante dieser Bevölkerungsweise war die hohe eheliche Fruchtbarkeit, die im „Normalfall" allerdings keineswegs eine hohe Zahl überlebender Kinder zur Folge hatte. Die Heiratshäufigkeit und das Heiratsalter waren von raumzeitlich differierenden Normen und Konventionen abhängig, vorherrschend aber war ein hohes Heiratsalter und die Tendenz zum Ausschluß einer Großzahl von Erwachsenen aus dem Kreis der Heiratsfähigen. So lassen sich die Heiratshäufigkeit und das Heiratsalter als Variablen dieser Bevölkerungsweise auffassen, mittels derer die Anpassung der Bevölkerungsentwicklung an Veränderungen des Nahrungsspielraums und der ökonomischen Bedingungen geregelt wurde.

2. Die Herausbildung der „industriellen Bevölkerungsweise"

Bevor ich auf die neue Bevölkerungsweise in der europäischen Industrialisierung und ihre Ausformung in Deutschland eingehe, empfiehlt es sich, einen Blick auf einen der frühesten und einflußreichsten Bevölkerungstheoretiker der Neuzeit, auf Malthus, zu werfen. Dies aus zwei Gründen: Vor dem Hintergrund der Thesen und Prognosen von Malthus bekommt – erstens – die Beschreibung der europäischen Bevölkerungsentwicklung, die Malthus zu widerlegen schien, ein schärferes Profil. Zweitens aber kann die Skizzierung dieser Theorie die Analyse von Problemen der gegenwärtigen Bevölkerungsexplosion in den unterentwickelten Gebieten, die Malthus zu bestätigen scheint, vorbereiten helfen. Wir werden, wenn wir auf diesen Bevölkerungsprozeß eingehen, zeigen, daß die gegenwärtigen Kontroversen sich noch ganz in den Bahnen von Malthus und seinen Kontrahenten bewegen.

Exkurs: Anmerkungen zum „Bevölkerungsgesetz" von Robert Malthus

Berühmt geworden ist Malthus durch die anonyme Veröffentlichung eines Essays im Jahre 1798, der den langen Titel trägt: „An essay on the principal of population as it affects the future improvement of society, with remarks on the speculations of Mister Godwin, W. Condorcet, and other writers". Malthus setzt sich in dieser Schrift vor allem mit Thesen William Godwins auseinander, die dieser 1793 publiziert hatte. Interessant ist diese Auseinandersetzung auch deswegen, weil sich in ihr der frühzeitige Aufeinanderprall ganz konträrer Denkströmungen widerspiegelt, die seit der französischen Revolution in vielfältigen Varianten intellektuelle Debatten in Europa geprägt haben. Godwin war ein Parteigänger der französischen Revolution und ein Repräsentant fortschrittsoptimistischer Denkmuster, er vertraute ganz den Fähigkeiten des menschlichen Verstandes, eine harmonische soziale Ordnung im Einklang mit den zur Verfügung stehenden natürlichen Ressourcen zu errichten. Auch hinsichtlich der Bevölkerungsentwicklung setzt er auf die menschliche Einsichtsfähigkeit, er schreibt: „3/4 der bewohnbaren Erde liegen heute noch ungenutzt dar. Die schon besiedelten Teile sind noch unermeßlicher Kulturverbesserung fähig. Milliarden von Jahrhunderten mit stetig wachsender Bevölkerung können hingehen, und die Erde wird noch immer im Stande sein, ihre Bewohner zu ernähren. ... Zu einer Zeit, wo die Erde sich weigern wird, eine noch dichtere Bevölkerung aufzunehmen, werden die Menschen, die dann leben, aufhören, sich fortzupflanzen, denn es veranlaßt sie hierzu weder ein Irrtum, noch ein Gefühl der Pflicht" (zitiert in Schmid 1976, 33).

Malthus, der sich intensiv mit der merkantilistischen Bevölkerungspolitik befaßt hatte und das rasche Wachstum der englischen Bevölkerung seit Mitte des achtzehnten Jahrhunderts vor Augen hatte, setzte dem Optimismus Godwins ein „Bevölkerungsgesetz" entgegen, dessen fortschrittspessimistisches Gedankenmuster sofort ins Auge fällt. Für Malthus basiert die Bevölkerungsentwicklung auf zwei Grundfaktoren – dem Fortpflanzungstrieb und dem Nahrungsspielraum –, deren Verhältnis zueinander durch ein ständiges – und in Zukunft rapide wachsendes – Ungleichgewicht charakterisiert sei. Denn der Fortpflanzungstrieb müsse als unabhängiger, konstant wirkender Faktor begriffen werden, der ein geometrisches Wachstum der Bevölkerung hervorbringe, während der Nahrungsspielraum begrenzt sei und nur in arithmetischer Progression ausgedehnt werden könne. Malthus behauptet in der Erstauflage seiner Schrift, daß die Anpassung des Bevölkerungswachstums an die Nahrungsmittelgrundlage sich allein durch quasi naturwüchsige Mechanismen regele, durch „checks" (Hemmnisse) wie etwa Krieg, Hunger, Seuchen und Krankheiten. In der Zweitauflage von 1803 modifiziert er sein Konzept der „checks", indem er neben den naturwüchsigen Regelungsmechanismen auch auf die Möglichkeit „präventiver Kontrollen" hinweist: daß die Einsicht in die Begrenztheit des Nahrungsspielraums zur Einschränkung der Fortpflanzung durch Askese und Zurückhaltung führen könne.

Malthus ist im neunzehnten Jahrhundert heftig kritisiert worden – auch von Marx und Engels, deren Fortschrittsoptimismus sich zum Beispiel in Engels' Ansicht wiederspiegelt, daß die „Ertragsfähigkeit des Bodens durch die Anwendung von Kapital, Arbeit und Wissenschaft ins Unendliche zu steigern sei" –, und tatsächlich hat die Bevölkerungsentwicklung während der europäischen Industrialisierung Malthus' Thesen nicht bestätigt: Die rapide wachsende Bevölkerung konnte nicht schlechter, sondern zunehmend besser ernährt werden, und auch das Fortpflanzungsverhalten begann sich ab der zweiten Jahrhunderthälfte in allen westeuropäischen Gesellschaften stark zu ändern. Allerdings erscheinen Malthus' Prognosen in einem anderen Licht, wenn wir sie nicht nur auf die begrenzte Phase der europäischen Industrialisierung, sondern auf den Weltindustrialisierungsprozeß beziehen, denn heutzutage wirkt sein „Bevölkerungsgesetz" wesentlich aktueller als der Fortschrittsoptimismus seiner Kontrahenten (hierzu Sieferle 1990). Im neunzehnten Jahrhundert freilich stützte Malthus' Theorie illiberale Denkströmungen, die gewissermaßen als ihre „logische Konsequenz" erscheinen konnten. Denn wenn diese „Theorie" richtig ist, dann können Maßnahmen wie die Liberalisierung von Heiratsregelungen oder die sozialstaatliche Armenunterstützung als unverantwortliche selbstproduzierte Beschleunigungsfaktoren einer verhängnisvollen Entwicklung gewertet werden, und so nimmt es nicht Wunder, daß sich Malthus selbst in der zweiten Auflage seiner Schrift auf die Seite der Kritiker der Armenunterstützung stellte.

Gehen wir nun, nach dieser kurzen Skizze von Malthus' „Bevölkerungsgesetz", auf Aspekte der wirklichen Bevölkerungsentwicklung während der europäischen Industrialisierung ein.

2.1 Deskription des demographischen Übergangs

Die Bevölkerungswissenschaftler fassen die Periode zwischen der Mitte des neunzehnten und den ersten Jahrzehnten des zwanzigsten Jahrhunderts in Europa als Periode des „demographischen Übergangs" von einer vorindustriellen zur industriellen Bevölkerungsweise auf. Sie haben den Gesamtprozeß dieser Transformation in verschiedene Einzelphasen unterteilt, wobei manche Autoren ein fünfphasiges, andere hingegen nur ein vierphasiges Modell zugrunde legen. Die erste Phase in diesen Modellen bildet die vorindustrielle Bevölkerungsweise mit ihrem hohem Niveau der Sterbe- und Geburtenziffern und ihrem nur geringen Bevölkerungswachstum. Die Endphase hat eine gewisse Verwandtschaft mit der ersten, insofern auch hier die Geburtenziffern nur geringfügig höher als die Sterbeziffern sind, aber dieser ungefähre Gleichstand beider Ziffern liegt nun auf einem niedrigen Niveau. Hier hat sich die industrielle Bevölkerungsweise stabilisiert, ist eine neue generative Struktur mit ganz anderen Variablen und Konstanten als in der vorindustriellen Bevölkerungsweise entstanden. Die Zeit zwischen der Anfangs- und Endphase ist die Transformationsperiode – der demographische Übergang –, die ihrerseits in verschiedene Einzelphasen unterteilt werden muß. Eine ganz vereinfachte Darstellung dieser transformativen Phasen findet man in der folgenden Grafik, der ein fünfphasiges Modell zugrunde liegt:

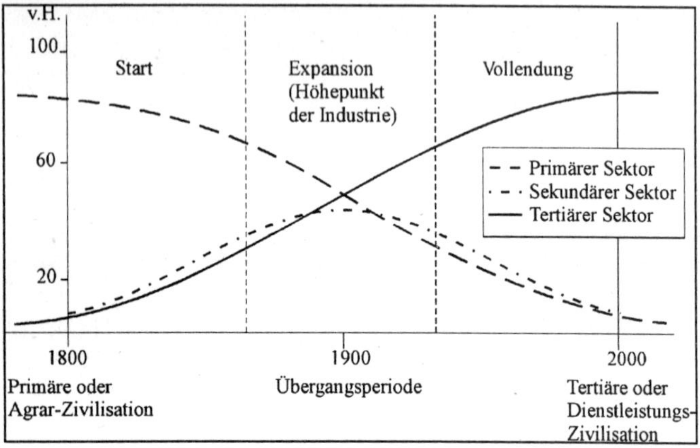

Aus: R. Mackensen/H. Werner, Dynamik der Bevölkerungsentwicklung, München 1973, S. 42

Die Transformation beginnt in der Grafik mit der Phase II („Einleitungsphase"), in der die Sterbeziffern kontinuierlich sinken, während die Geburtenziffer noch ihr vorindustrielles Niveau behält. Hier öffnet sich also die „Schere" zwischen Geburten- und Sterbeziffern. Die Phase III in der Grafik, die zweite transformative Phase („Umschwungphase"), zeigt den Beginn eines neuen generativen Verhaltens der Bevölkerung: Die Geburtenziffer beginnt kontinuierlich zu fallen bei einer weiterhin absinkenden Sterbeziffer. In der dritten transformativen Phase („Einlenkung") beginnt die Sterbeziffer sich auf einem niedrigen Niveau zu stabilisieren, während die Geburtenziffer weiterhin fällt. Dann, wenn die Geburtenziffer nur geringfügig höher als die Sterbeziffer ist, beginnt sich auch die Geburtenziffer zu stabilisieren, eine neue Gleichgewichtsphase – aber auf einer ganz verschiedenen Ebene als die Gleichgewichtsphase I – ist erreicht, der Transformationsprozeß der vorindustriellen in die industrielle Bevölkerungsweise ist abgeschlossen.

Soweit eine ganz schematisch-deskriptive Darstellung des demographischen Übergangs. Im folgenden soll zunächst diese Deskription anhand der Bevölkerungsentwicklung in Deutschland konkretisiert werden.

2.2 Der demographische Übergang in Deutschland – die Einleitungsphase

Schaut man auf die folgende Tabelle, dann läßt sich die These vertreten, daß in Deutschland bis fast ins letzte Fünftel des neunzehnten Jahrhunderts Grundmerkmale der vorindustriellen Bevölkerungsweise in Kraft blieben. Wir sehen, daß es zwischen 1840 und 1880 eine – kurzfristig freilich von beträchtlichen Schwankungen unterbrochene – relativ gleichbleibende Differenz zwischen Geburten- und Sterbeziffern gab, die beide noch auf hohem Niveau blieben. Aus der Differenz resultierte eine Geburtenüberschußziffer zwischen den Werten neun und zwölf. Diese ist – verglichen mit der geschätzten Geburtenüberschußziffer von sechs für die „echte“ vorindustrielle Bevölkerungsweise – recht hoch, weswegen man diese Periode auch als „frühtransformative Phase“, in der sich der demographische Übergang „ankündigte“, auffassen kann. Es hatte sich hier – obwohl Grundmerkmale des Früheren noch weiterwirken – bereits einiges geändert; gerade die Sterbeziffern, obwohl mit 26/27 noch auf sehr hohem Niveau liegend, wichen doch deutlich von dem für vorindustrielle Verhältnisse geschätzten Wert von 33 ab.

Vorindustrielles Niveau hat bis über das letzte Drittel des neunzehnten Jahrhunderts hinaus noch immer die Säuglingssterblichkeit – durchschnittlich überstand nur eines von zwei Neugeborenen das Säuglingsalter. Die Ursachen hierfür waren vielfältig: noch weitgehende Machtlosigkeit der Medizin gegenüber den typischen Infektionskrankheiten des Säuglingsalters, mangelhafte hygienische Verhältnisse, Vernachlässigung

aufgrund ökonomischer Zwänge, nur ein geringer Teil der Frauen stillte die Säuglinge. Ab dem letzten Drittel des neun-
Geburten- und Sterbeziffern in Deutschland (1841-1983) zehn-
ten Jahrhunderts ging die Säuglingssterblichkeit deutlich zu-

Zeitraum / Jahr	Lebendgeborene	Gestorbene (ohne Totgeburten)	Überschuß der Geb. (+) Gest. (-)
		auf 1 000 Einwohner	
		Reichsgebiet	
1841/50	36,1	26,8	+ 9,3
1851/60	35,3	26,4	+ 8,9
1861/70	37,2	26,9	+ 10,3
1871/80	39,1	26,6	+ 12,5
1881/90	36,9	25,1	+ 11,7
1891/00	36,2	22,3	+ 13,9
1901/10	33,0	18,7	+ 14,3
1911/20	22,1	18,4	+ 3,7
1921/30	20,3	12,5	+ 7,7
1931/40	18,1	11,6	+ 6,4
		Bundesgebiet	
1951/60	16,2	11,1	+ 5,1
1961/70	16,9	11,6	+ 5,3
1961	18,0	11,2	+ 6,8
1962	17,9	11,3	+ 6,6
1963	18,3	11,7	+ 6,6
1964	18,2	11,0	+ 7,8
1965	17,7	11,5	+ 6,2
1966	17,6	11,5	+ 6,1
1967	17,0	11,5	+ 5,5
1968	16,1	12,2	+ 3,9
1969	14,8	12,2	+ 2,6
1970	13,4	12,1	+ 1,3
1971	12,6	11,8	+ 0,8
1972	11,3	11,8	- 0,5
1973	10,3	11,8	- 1,5
1974	10,1	11,7	- 1,6
1975	9,7	12,1	- 2,4
1976	9,8	11,9	- 2,1
1977	9,5	11,5	- 2,0
1978	9,4	11,8	- 2,4
1979	9,5	11,6	- 2,1
1980	10,1	11,6	- 1,5
1981	10,1	11,7	- 1,6
1982	10,1	11,7	- 1,6
1983	10,1	11,6	- 1,5

Tabelle errechnet nach: Bevölkerung und Wirtschaft 1872/1972, S. 101 sowie Statistisches Jahrbuch der BRD 1978ff.

rück, sie blieb aber noch immer hoch. Um nur eine Zahl zu nennen: Noch in den ersten Jahren des zwanzigsten Jahrhunderts starben von cirka zwei Millionen Geborenen cirka Vierhunderttausend im ersten Lebensjahr. Noch 1900 waren 33 Prozent aller Verstorbenen Säuglinge, heute ist es gerade noch ein Prozent, und die gegenwärtige Säuglingssterblichkeit liegt bei 7,5 pro Tausend Neugeborene.

Ich hatte gerade gesagt, daß die Sterbeziffer bis ins letzte Drittel des neunzehnten Jahrhunderts noch sehr hoch war, aber doch schon deutlich unter dem für die vorindustrielle Bevölkerungsweise angenommenen Niveau lag. Diese Verbesserung gegenüber vorindustriellen Verhältnissen bereits im zweiten Drittel des neunzehnten Jahrhunderts läßt sich auf eine insgesamt verbesserte Ernährungsgrundlage der Bevölkerung zurückführen und auf einen Rückgang der Seuchen und Epidemien. Bereits in dieser Zeit war der früher typische circulus vitiosus Mißernte – Hungersnot – Seuche weitgehend durchbrochen.

Die hohen Geburtenziffern dieser Zeit, die in den siebziger Jahren sogar auf einen Wert von fast vierzig ansteigen, sind auch Folge der Vermehrung der Eheschließungen und eines Absinkens des Heiratsalters. Beides läßt sich auf die Agrarreformen und die beginnende Industrialisierung zurückführen.

Ab wann sich in Deutschland die Bevölkerungsweise wirklich einschneidend ändert, läßt sich auf der Tabelle unzweideutig erkennen: Es ist dies die Zeit ab etwa 1880, als die Sterbeziffern in einem sich über Jahrzehnte hinstreckenden Prozeß deutlich zu sinken beginnen. Wenn man nun die Entwicklung der Geburtenziffern mit derjenigen der Sterbeziffern vergleicht, dann wird sichtbar, daß sich die Zeit bis etwa 1910 als eine eigenständige Phase im Gesamtprozeß der Transformation der Bevölkerungsweise auffassen läßt. Denn wir erkennen, daß dem Rückgang der Sterbeziffern von 25,1 auf 18,7 eine zwischen 1880 und 1900 konstant hochbleibende Geburtenziffer von etwa 36 gegenübersteht, die sich in der Zeit zwischen 1900 und 1910 zwar etwas reduziert, aber wirklich einschneidend erst im nächsten Jahrzehnt zurückgeht. In diesem Zeitraum fand in Deutschland jenes „Öffnen der Schere“ zwischen der Geborenen- und Sterbeziffer statt, das die erste Hauptphase des demographischen Übergangs charakterisiert, und dadurch kam es zu einem massiven Bevölkerungswachstum. Dazu einige Zahlen: Zwischen 1871 und 1900 vermehrte sich die deutsche Bevölkerung um mehr als ein Viertel (von 41 Millionen auf 56 Millionen), und sie wuchs zwischen 1900 und 1910 (in dieser Zeit erreichte übrigens die Geburtenüberschußziffer mit 14,3 einen Höchstwert) noch einmal um acht Millionen. Unter den Ursachen für diese hohen Geburtenziffern stehen zwei Faktoren an vorderer Stelle: Ein Großteil der Verheirateten praktizierte noch weitgehend das alte, zu einer hohen Kinderzahl führende Fortpflanzungsmuster, und zweitens kam es gerade in dieser Periode zu deutlichen Wandlungen der Heiratshäufigkeit, nämlich – als Folgen der Industrialisierung – zu einer Senkung des durchschnittlichen Heiratsalters und zu einem deutlichen Anstieg der Verheiratungsquote.

Wichtigster Faktor in dieser Phase des demographischen Übergangs war – wie bereits hervorgehoben – die Reduktion der Sterbeziffern, die ab dem letzten Drittel des neunzehnten Jahrhunderts rapide sanken. Dieser Prozeß ging im wesentlichen auf drei Ursachen zurück: erstens auf eine Verbesserung der hygienischen Verhältnisse (zum Beispiel auf den Gebieten der Kanalisation, Trinkwasserversorgung und Lebensmitteüberwachung), zweitens auf Fortschritte der Medizin, deren große Entdeckungen auf dem Gebiet der Virusbekämpfung, der Serologie und der Röntgenstrahlung freilich erst nach der Jahrhundertwende im allgemeinen Gesundheitswesen verfügbar wurden (davor waren vor allem die Sterilisierung der chirurgischen Instrumente, der Gebrauch von Gesichtsmasken und die Desinfektion des Operationsraums bedeutsam); und drittens war die Reduktion der Sterblichkeit Produkt einer weitgehend verbesserten Ernährungssituation der Bevölkerung, und dies war in der Anfangsphase des demographischen Übergangs die wichtigste Ursache für die Verringerung der Sterblichkeit. Einige Gründe für diese Verbesserung möchte ich in einem kleinen Exkurs ansprechen.

Exkurs: Zu Wandlungen der Ernährung während der Industrialisierung

Erinnern wir uns zunächst an Malthus' Prognose. Malthus hatte in seiner Bevölkerungstheorie behauptet, daß die Produktion von Nahrungsmitteln unmöglich mit dem sprunghaften Bevölkerungswachstum schritthalten könne. Tatsächlich verlief die Entwicklung in Deutschland und Europa ganz gegensätzlich zu Malthus' pessimistischen Prognosen. Schaut man nämlich auf den großen säkularen Trend im neunzehnten Jahrhundert, dann läßt sich die These vertreten, daß die Nahrungssituation im neunzehnten Jahrhundert sich quantitativ und qualitativ in Kongruenz mit dem Bevölkerungswachstum verbesserte (zum folgenden vgl. Teuteberg 1979). Damit wurde eine in den Jahrhunderten zuvor bestehende Entwicklung geradezu umgekehrt. Man hat nämlich festgestellt, daß der Nahrungsspielraum spätestens ab dem sechzehnten Jahrhundert in Mitteleuropa zunehmend enger wurde (vgl. Abel 1972). Ein Symptom dafür ist auch, daß der noch im Spätmittelalter relativ hohe Fleischkonsum in den nachfolgenden Jahrhunderten bis zum frühen neunzehnten Jahrhundert weitgehend durch vegetabilische Nahrung ersetzt worden war, – ein Prozeß, den der Nationalökonom Wilhelm Roscher, der erstmals auf dieses Phänomen aufmerksam gemacht hat, als „Depekoration", das heißt Entfleischlichung der Nahrung bezeichnet hat. Auch der Verzehr von Butter, Eiern, Geflügel und Wein war offenbar in dieser Periode zurückgegangen. Voluminöse, kohlenhydratreiche und fettarme Kost (Kartoffeln, Brot, Hülsenfrüchte, Pflanzenfett) hatte die an tierischem Eiweiß reichere, konzentriertere und teurere Nahrung weitgehend ersetzt. Im Gesamtverlauf des neunzehnten Jahrhunderts fand dann eine Umkehrung dieser Entwicklung statt, es kam wieder zu einer Zunahme fleischlicher und einer Abnahme pflanzlicher Nahrungsmittel. Die Tatsache, daß es vor allem in der ersten Hälfte des neunzehnten Jahrhunderts noch Hungersnöte gab, widerspricht nicht der These von der Verbesserung der Ernährungssituation, denn diese Hungersnöte hatten nicht mehr das Ausmaß von Hungersnöten früherer Jahrhunderte. Am stärksten war die positive Veränderung der Ernährungssituation gerade auch der unteren Schichten im letzten Drittel des neunzehnten Jahrhunderts, also in der Phase der deutschen Hochindustrialisierung, und diese Kongruenz zwischen Expansion des Industriesystems und Verbesserung der Nahrungsgrundlage war keineswegs zufällig. Ich gebe drei Hinweise für den Zusammenhang zwischen beiden Prozessen:

1. Besonders wichtig ist die mit der Industrialisierung zusammenhängende „Agrarrevolution“, die eine in der Geschichte der Landwirtschaft einmalige Produktivitätssteigerung durch Verbesserung der Bodenanbaumethoden, künstliche Düngung und Mechanisierung bewirkte.

2. Wichtig war auch die Maschinisierung der Transportmittel, die man auch als „Transportrevolution“ bezeichnet hat. Diese „Revolution“ ermöglichte, Nahrungslücken durch schnelle Einfuhr ausländischer Nahrungsmittelüberschüsse zu füllen.

3. Bedeutsam waren natürlich auch die durch die Industrialisierung ermöglichten Verfahren zu einer langfristigen Konservierung von Nahrungsmitteln. Dadurch war man erstmals in der Geschichte in der Lage, wichtige Nahrungsmittel länger transport- und lagerfähig zu halten, ohne daß sie wesentlich an Geschmack und Verdaulichkeit verloren.

2.3 Der demographische Übergang in Deutschland – die Endphasen

Wir haben im vorhergehenden die erste Phase des demographischen Übergangs, die durch ein rapides Absinken der Sterbeziffern charakterisiert ist, in ihrem Zeitverlauf für die deutsche Entwicklung konkretisiert und einige der Ursachen für diesen Prozeß dargestellt. Skizzieren wir nun die folgenden Phasen. Anhand der Tabelle auf Seite 130 können wir erkennen, daß in Deutschland der Bevölkerungsprozeß im ersten Drittel des zwanzigsten Jahrhunderts in ein neues Stadium eintritt, dessen Hauptcharakteristikum der starke Rückgang der Geburtenziffern (bei weiterhin abfallenden Sterbeziffern) ist. Die Geburtenziffer, die im ersten Jahrzehnt noch bei 33,0 lag, fällt zwischen 1910 und 1920 um ein Drittel auf 22,1 und dann noch einmal in einem verlangsamten Rückgang auf 20,3 und auf 18,1 (1931 bis 1940). Innerhalb einer Zeitspanne von rund vierzig Jahren, das heißt noch nicht einmal zwei Generationen, hat sich also die Zahl der Geborenen auf tausend Einwohner fast halbiert, hat sich das zweite Grundelement einer neuen, auf die industrielle Gesellschaft abgestimmten Bevölkerungsweise – die niedrige Fruchtbarkeit – durchgesetzt. Die nächsten Jahrzehnte – zwischen 1930 und Mitte der sechziger Jahre – können als Stabilisierungsphase der industriellen Bevölkerungsweise begriffen werden, in dieser Zeit liegen die Geburtenziffern zwischen 16 und 18, die Sterbeziffern bei etwa 12, womit die Geburtenüberschußziffer wieder auf ein vorindustrielles Niveau von ungefähr 6 zurückgeht. Auf die einschneidenden Änderungen der Bevölkerungsentwicklung ab Mitte der sechziger Jahre gehen wir hier nicht ein. Ich fasse noch einmal die Grundmerkmale des demographischen Übergangs in Deutschland zusammen: In der ersten transformativen Phase bis 1900 beginnt sich die Schere des „demographischen Übergangs" zu öffnen, Geburten- und Sterbeziffer treten auseinander. In der zweiten transformativen Phase bis 1930 beginnt sich die Schere wieder zu schließen. Zwar sinkt die Sterbeziffer weiter, aber die Geburtenziffer sinkt schneller und stärker: Der Geburtenüberschuß halbiert sich fast, und Geburten- und Sterbeziffer nähern sich wieder auf einem neuen, aber um rund die Hälfte niedereren Niveau einander an.

2.4 Probleme im Modell vom demographischen Übergang

Wir haben im vorhergehenden zunächst das abstrakte Modell des demographischen Übergangs vorgestellt und dann eine Konkretisierung dieses Modells anhand der Bevölkerungsentwicklung in Deutschland versucht. Die bisherige Darstellung war noch weitgehend deskriptiv (es wurden zwar einige Hinweise auf die Ursachen für die Reduktion der Sterblichkeit gegeben, Gründe für das Absinken der Fruchtbarkeitsziffern aber noch gar nicht angesprochen), und sie hat auch soziologische Probleme im engeren Sinn noch gar nicht berührt. Soziologisch relevant wäre es zum Beispiel zu untersuchen, welche Auswirkungen die Reduktion der Sterblichkeit auf die Einstellung zum Leben und zum Tod hatte. Es liegt ja auf der Hand, daß unter den Bedingungen der vorindustriellen Bevölkerungsweise die Konzeption einer bewußten, bis ins Alter angelegten Lebensplanung – heute eine Selbstverständlichkeit unserer Existenz – noch höchst fragwürdig bleiben mußte. Auch die Auffassung des Neugeborenen als eines unersetzbaren Wesens und die „Kindzentrierung" der Familie waren hier noch gar nicht möglich. Das Lebensgefühl in der vorindustriellen Gesellschaft war von der Allgegenwart des Todes geprägt, erst das zwanzigste Jahrhundert hat das Sterben und den Tod aus der Gesellschaft ausgebürgert, die Gedanken an sie tabuisiert und verdrängt.

Soziologisch wichtig wäre bei der Analyse des demographischen Übergangs auch die schichtspezifische Konkretisierung des Herausbildungsprozesses neuer generativer Strukturen. Es liegt ja auf der Hand, daß generative Strukturen sich zunächst in einzelnen Schichten verändern, um dann – in regional, konfessionell und schichtspezifisch bedingten Varianten – die Gesamtgesellschaft zu durchdringen. Man müßte bei der Analyse des demographischen Übergangs also nach Leitschichten Ausschau halten, womit man den Überschneidungsbereich von Schicht- und Familiensoziologie betritt. Wir werden noch im Zusammenhang mit der Analyse von Wandlungen der Familienformen im Industrialisierungsprozeß aufzeigen, daß das Bürgertum bei der Durchsetzung neuer Muster generativer Reproduktion eine Schlüsselrolle einnahm.

Der demographische Übergang, den wir in seiner Ausformung in Deutschland behandelt haben, ist zum ersten Mal von amerikanischen Bevölkerungswissenschaftlern – vor allem Frank Notestein (1944) – genauer untersucht worden, und später hat dann der deutsche Demograph Gerhard Mackenroth an diese Analysen angeknüpft und sie verfeinert. Daraus entstanden sind Arbeiten, die außer der Deskription der Entwicklung der vorindustriellen zur industriellen Bevölkerungsweise auch eine Erklärung des demographischen Übergangs versuchen. Ich skizziere kurz die Grundprämisse dieser Theorien. Es wird davon ausgegangen, daß jede Gesellschaft versucht, ihre Bevölkerungsentwicklung so im Gleichgewicht zu halten, daß die Verluste ausgeglichen werden und das Bevölkerungswachstum mit den ökonomischen Chancen Schritt hält. Beide Annahmen treffen für die am Beispiel Deutschlands besprochenen Phasen vor und nach dem Beginn der Transformation im wesentlichen zu: Die vorindustrielle Gesellschaft ist durch eine hohe Sterblichkeit und hohe Fruchtbarkeit gekennzeichnet. Der geringe Bevölkerungsüberschuß entspricht den ökonomischen Chancen. In der industriellen Gesellschaft dagegen ist die Sterblichkeit gering, was mit einer geringen Geburtenzahl beantwortet wird. Das Gleichgewicht pendelt sich auf einem niedrigen Niveau ein. Hier kommt es jetzt nicht mehr darauf an, möglichst viele Kinder in die Welt zu setzen, damit einige überleben und die Versorgung ihrer Eltern im Alter sicherstellen können – der Ausbau des Sozialstaats mindert den Wert von Kindern für die Altersversorgung der Eltern. Außerdem machen die wachsenden Qualifikationsanforderungen an die Arbeitskräfte es sinnvoll, die Kinderzahlen zu reduzieren, um den Kindern eine verbesserte Ausbildung zu verschaffen. Das massive Bevölkerungswachstum in der Transformationsphase wird als ein auf einen „cultural lag“ zurückgehendes Überschichtungsphänomen gedeutet: Alte generative Muster seien zunächst in eine veränderte Wirtschafts- und Sozialwelt weitertransportiert worden, in der sie eigentlich dysfunktional geworden waren – Gesellschaften benötigen eine gewisse Lernzeit, bis erkannt wird, daß sie nicht mehr so viele Kinder wie vorher brauchen, um ihren Bestand zu sichern.

Besondere Bedeutung hat die Theorie des demographischen Übergangs bekommen, weil sie die anhand der europäischen Entwicklung analysierte Transformation der Bevölkerungsweise als einen universellen demographischen Prozeß begriff, der sich überall entwickelt, wo industriegesellschaftliche Strukturen entstehen. Die Theorie wurde also auf die gegenwärtigen unterentwickelten Länder bezogen, es wurde behauptet, daß das rasche Bevölkerungswachstum in diesen Ländern darauf schließen lasse, daß sie sich in der Phase des demographischen Übergangs befinden und daß die Wachstumsrate mit zunehmender Modernisierung zurückgehen werde. Wir werden gleich noch zu zeigen versuchen, daß das theoretische Fundament für derartige Prognosen nicht sehr stabil ist: Die Theorie des demographischen Übergangs ist nicht viel mehr als eine über eine Gleichgewichtsannahme zum Modell erhobene Verallgemeinerung der demographischen Entwicklung der westlichen Welt.

Ein weiteres Problem besteht darin, daß sich in der Theorie keine Angaben über die Dauer der transformativen Phase in den unterentwickelten Ländern finden, daß ihr prognostischer Wert also höchst begrenzt ist. Sodann sind in der Theorie die genauen Ursachen für die Fruchtbarkeitssenkung keineswegs geklärt. Es fehlen insbesondere Theoriebestandteile, die familienstrukturelle Wandlungsprozesse thematisieren. Und schließlich sei noch darauf hingewiesen, daß die Theorie des demographischen Übergangs weder mit der Tatsache des Geburtenrückgangs seit den sechziger Jahren in den westlichen Ländern übereinstimmt, noch über theoretische Mittel verfügt, diesen Bevölkerungsprozeß zu erklären.

Ich will im folgenden einige kurze Hinweise zur gegenwärtigen Bevölkerungsentwicklung in den unterentwickelten Ländern geben. Dabei wird auch der Frage nachgegangen, ob die aus dem demographischen Übergang in Europa abgeleiteten Annahmen übertragbar sind.

3. Überbevölkerung und Unterentwicklung in der Gegenwart

Malthus' pessimistische Prognosen wurden, wie wir beschrieben haben, im Verlaufe der europäischen Industrialisierung widerlegt, aber es ist noch keineswegs ausgemacht, ob sie deshalb als gänzlich falsch gelten können. Wenn man nämlich seine Thesen auf die globale Bevölkerungsentwicklung im Weltindustrialisierungsprozeß bezieht, dann erscheinen sie realistischer als diejenigen vieler Fortschrittsoptimisten, die die Herstellbarkeit eines harmonischen Gleichgewichts zwischen Bevölkerungsvermehrung und sozioökonomischer Entwicklung behaupten.

Vergegenwärtigen wir uns zunächst an einigen Zahlen die Wachstumsgeschwindigkeit der Weltbevölkerung im längeren Trend. Gegenwärtig (Mitte 1994) beträgt die Weltbevölkerung ca. 5,6 Milliarden Menschen, und sie wächst – bei einer Wachstumsrate von 1,7% –, um jährlich rund 95 Millionen. Dieser Zuwachs ergibt sich aus dem Überschuß aus jährlich 144 Millionen Geburten minus 49 Millionen Sterbefälle (vgl. Höhn 1994, 3). Für die Entwicklung in den nächsten drei bis fünf Jahrzehnten sind zwei Faktoren entscheidend: der Altersaufbau und die Geburtenentwicklung. Relativ gut ist die Entwicklung des Altersaufbaus prognostizierbar: Bis zum Jahre 2025 wird er eine – sich abschwächende – pyramidenförmige Gestalt beibehalten, und allein dies – die jährlich wachsenden Zahlen an potentiellen zukünftigen Eltern – macht ein weiteres Bevölkerungswachstum unausweichlich. Dessen Stärke und Dauer hängt von der zukünftigen Geburtenentwicklung ab. Gegenwärtig beträgt die durchschnittliche Geburtenzahl je Frau im Weltdurchschnitt 3,3; je nachdem, ob man einen Rückgang auf 1,7 (untere Variante), 2,1 (mittlere Variante) oder 2,3 (hohe Variante) annimmt, ergeben sich stark voneinander differierende Wachstumsprognosen. Die untere Variante ergibt für das Jahr 2025 eine Prognose von ca. 7,6 Milliarden, die mittlere von 8,5 und die hohe von fast 9,5 Milliarden (für das Jahr 2050 entsprechend 7,8/10,0/12,5 Milliarden) (Zahlen bei Höhn 1994, 3ff.). Was sich hinter diesen Zahlen verbirgt, wird am ehesten deutlich, wenn man sich vor Augen hält, daß um 1830 erst ca. eine Milliarde Menschen auf der Erde lebten und daß sich das Wachstum von einer Milliarde bis zu zwei Milliarden in einem Zeitraum von 100 Jahren vollzog. Danach schrumpften die Zeiträume für das Erreichen der jeweils nächsten Milliardengrenze rapide: Die Vermehrung von zwei auf drei Milliarden fand in etwa 30 Jahren statt, diejenige von drei auf vier Milliarden in ca. 15 Jahren, und für das weitere Wachstum auf den gegenwärtigen Stand von 5,6 Milliarden benötigte die Menschheit sogar noch weniger als 15 Jahre.

Diese rasante Vermehrung, die sich mit einer Kettenexplosion mit sukzessiv potenzierter Explosionskraft vergleichen läßt, vollzieht sich in den unterentwickelten Weltregionen (im entwickelten Westen hat es einen Geburtenrückgang auf einem Niveau unterhalb des Generationenersatzes mit der Folge einer relativen „Alterung" der Altersstruktur gegeben), und es läßt sich mit mehr als einem Körnchen Wahrheit die Faustregel formulieren, daß das Bevölkerungswachstum um so größer ist, je ärmer und politisch instabiler die Region ist. In den Ländern Schwarzafrikas etwa, die sich im letzten Jahrzehnt auf den meisten Ebenen eher zurückentwickelt haben, vermehrt sich die Bevölkerung in einer in der Geschichte der Menschheit noch nie dagewesenen Geschwindigkeit – um ca. 3,2 % –, und ähnliche Wachstumsraten, die zu einer Verdoppelung der Bevölkerung in einem Zeitraum von 24 Jahren führen, findet man in Ländern Südasiens (Bangladesh, Pakistan, Indien). Es sei nur darauf hingewiesen, daß vor den massenmörderischen Stammeskriegen in Ruanda gerade die dortige Geburtenentwicklung angesichts des engen Raums und der dünnen Ressourcenbasis von Bevölkerungswissenschaftlern mit großer Sorge beobachtet wurde (vgl. Schmid 1994, 11) und daß das von einem Bürgerkrieg verwüstete Afghanistan mit 6,7 % die stärkste Wachstumsrate in der Welt hat (vgl. Sontheimer, in: „Die Zeit" Nr. 52/1990, 16).

Die Hauptursache für die rasante Bevölkerungsentwicklung in den unterentwickelten Ländern seit den 50er Jahren war die Reduktion der Sterblichkeitsziffern auf der Basis weiterhin sehr hoher, nur langsam zurückgehender Geburtenziffern. Dieser Prozeß scheint beim ersten Blick der Anfangsphase des demographischen Übergangs in Europa zu entsprechen. Es gibt freilich Argumente, die gegen eine vorschnelle Paralellisierung sprechen. Zunächst ist zu bedenken, daß es sich bei dem Sterblichkeitsrückgang um einen weitgehend von außen eingeleiteten Vorgang handelt, bewirkt vor allem durch den Import des „westlichen" medizinischen Fortschritts. In Europa kam der medizinische Fortschritt im 19. Jahrhundert, der hier die Sterblichkeitsreduktion bewirkte, nur langsam voran, die erste Phase des demographischen Übergangs fand hier innerhalb eines viel längeren Zeitraums statt als in den unterentwickelten Ländern der Gegenwart, in welche Technologien, Kenntnisse und Medikamente rasch transferiert werden können. Weiterhin ist darauf hinzuweisen, daß der Sterblichkeitsreduktion in den unterentwickelten Ländern Geburtenziffern gegenüberstehen, die weit höher sind als die europäischen im 19. Jahrhundert. „Da die durchschnittlichen Kinderzahlen in vielen Regionen der dritten Welt höher waren (und teilweise noch sind) als im historischen Europa, ist der Wachstumsschub aus (dem) – importierten – Sterblichkeitsrückgang entsprechend stärker" (Höhn 1994, 6). Wachstumsraten wie die heute in den unterentwickelten Ländern üblichen (2 bis 3,5%) hat es in Europa im 19. Jahrhundert nicht gegeben. Die europäischen Bevölkerungen wuchsen durchschnittlich nur zwischen 0,6 und 0,7% (vgl. Schmid 1994, 14). Als weiteres Unterscheidungsmerkmal ist auf die unterschiedlichen Bevölkerungsgrößen in den unterentwickelten Ländern der Gegenwart und in Europa in der Anfangsphase des demographischen Übergangs hinzuweisen – bis Mitte des 19. Jahrhunderts konnten die europäischen Bevölkerungen 30 bis 50 Millionen kaum überschreiten, in manchen unterentwickelten Ländern Asiens aber finden wir heute das Zehn- und Zwanzigfache der europäischen Ausgangsgrößen. Und zuletzt – und dies ist ganz wesentlich – gibt es heute für die dritte Welt keinen leeren Kontinent, kein „Amerika" mehr, das ihre Überschußbevölkerung aufnehmen könnte. Vieles deutet darauf hin, daß sich in den unterentwickelten Ländern der Gegenwart ein Problembündel entwickelt hat, das eine wechselseitige Anpassung von sozioökonomischer und demographischer Entwicklung wie in Europa verhindert und damit dem offenen „malthusianischen“ Pessimismus viel eher entspricht als dem latenten Optimismus des aus der europäischen Erfahrung abgeleiteten Theoriekonzepts vom demographischen Übergang. Einige Stichpunkte sollen dies illustrieren.

In Europa verbesserte sich im 19. Jahrhundert durch die Fortschritte in der Landwirtschaft die Ernährungsbasis für die wachsende Bevölkerung stetig, während sie heutzutage in manchen Ländern mit besonders stark wachsender Bevölkerung eher schmaler wird. In den unterentwickelten afrikanischen Gebieten z.B. geht die Nahrungsmittelproduktion pro Kopf der Bevölkerung seit über einem Jahrzehnt zurück; man kann dort beobachten, wie die expandierende Bevölkerung in landwirtschaftlich ungeeignete Gebiete drängt, die sehr bald der Erosion wieder zum Opfer fallen. Die Getreideproduktion pro Kopf ist im letzten Jahrzehnt auch weltweit zurückgegangen (Schmid 1994, 15), und Jahr für Jahr fallen mindestens sechs Millionen Hektar Ackerland der Erosion zum Opfer (Sontheimer, in: „Die Zeit“ Nr. 52/1990, 16). In vielen unterentwickelten Gebieten gehen zunehmende Bodenknappheit mit zunehmender Wasserknappheit Hand in Hand. Ein Beispiel unter vielen ist etwa Ägypten, dessen Landwirtschaft, Industrie und rapide wachsende Bevölkerung das zur Verfügung stehende Wasserreservoir soweit genutzt hat, daß der Grundwasserspiegel dramatisch abgesunken ist.

Wir hatten bereits darauf hingewiesen, wie eklatant sich die Altersstruktur in den unterentwickelten Ländern von derjenigen in den westlichen Industrieländern unterscheidet und daß allein aus dieser Altersstruktur in den nächsten Jahrzehnten eine weitere rapide Bevölkerungsvermehrung (selbst bei zurückgehenden Geburtenziffern) resultieren muß. Aus dieser Altersstruktur aber werden vielen Entwicklungsländern Probleme erwachsen, die die heutigen Dimensionen noch weit übersteigen. Die starken Jugendjahrgänge schieben sich unaufhaltsam in das schwach entwickelte Gesundheits- und Ernährungswesen, in die Schulen und die Ausbildungsstätten, in den Wohnungs- und Ausbildungsmarkt, und welches Mißverhältnis zwischen der Aufnahmefähigkeit von Institutionen und Märkten daraus resultieren wird, wird allein daran deutlich, daß die Arbeitslosigkeit in vielen Entwicklungsländern bereits gegenwärtig schon bei über 40 % liegt.

Bereits jetzt bündeln sich die sozialen, ökonomischen und ökologischen Auswirkungen der Bevölkerungsexplosion in vielen Großstädten der dritten Welt, die sich zu metastasenartig wuchernden Mega-Agglomerationen entwickelt haben, die eigentlich den Namen „Stadt“ gar nicht mehr verdienen. In manchen dieser Monstermetropolen in Asien oder Afrika lebt bereits jetzt mehr als die Hälfte der Bevölkerung in Slums, wobei das, was hier „Slum“ heißt, keineswegs mit den Slumvierteln etwa New Yorks verglichen werden darf. „In der ökologisch prekärsten Situation könnte sich Lima befinden. Dort siedeln fünf bis sieben Millionen auf sandigem Boden ohne jeden Niederschlag das ganze Jahr ... Die für das nächste Jahrhundert angekündigte Wasserknappheit dürfte nicht nur dort zu Katastrophen führen“ (Schmid 1994, 17).

Zuletzt sei darauf hingewiesen, daß aus der Bevölkerungsexplosion immer unkontrollierbarer werdende Migrationsprozesse resultieren werden. Die wichtigste Wanderungsbewegung wird dabei in Zukunft eine Süd-Nordwanderung sein, und die Probleme werden sich zunächst dort summieren, wo unterentwickelte und entwickelte Regionen eng beieinander liegen (z.B. im Mittelmeerraum zwischen Nordafrika und Südeuropa). Es gliche jedenfalls einem Wunder, wenn in den armen Ländern nicht immer stärker der Gedanke entstünde, sich in den reichen Ländern zu holen, was diese ihnen ihrer Meinung nach zu Unrecht vorenthalten. Der menschenrechtliche Universalismus des Westens könnte dabei sogar noch verstärkend wirken. Wir erleben ja gegenwärtig bereits immer häufiger, daß Regierungen unterentwickelter Länder, die weder fähig noch willens sind, in ihren Gesellschaften die Menschenrechte zu verwirklichen, durch Bezugnahme auf den menschenrechtlichen Universalismus die Forderung ungehinderten Zuzugs in den Westen propagieren.

VIII. Aspekte vorindustrieller Familienformen in Europa

Mit der Industrialisierung wurde die Kernfamilie – in einer durch das Bürgertum bestimmten Ausprägung – zur fast alleinigen Familienform in Europa, und erst ab den siebziger Jahren unseres Jahrhunderts zeichnen sich immer stärkere Tendenzen zur Aufweichung der lange Zeit unangefochtenen Monopolstellung dieses Familientyps ab. Daß in den zwei Jahrzehnten nach dem Krieg in der Soziologie die Ansicht weitverbreitet war, das kernfamiliale System der Haushaltsgemeinschaft von Eltern und ihren biologischen Kindern sei ein gewissermaßen überhistorisches, universell verbreitetes Grundgebilde der Vergesellschaftung[3], hängt vielleicht auch damit zusammen, daß gerade diese Zeit das „goldene Zeitalter" der Kernfamilie war[4]. Natürlich bezog sich die damalige soziologische Lehrmeinung über die universelle Verbreitung des kernfamilialen Grundmusters nicht auf die Kernfamilie in der uns vertrauten Form (als strikt separierte Intimeinheit); aber es wurde häufig doch mehr oder weniger ausdrücklich unterstellt, der Kernfamilienzusammenhang sei die „Zentraleinheit" (vgl. Murdock 1949, 2) der vielen kulturspezifisch differierenden Familienformen komplexerer Art, eine sich in irgendeiner Form in ihnen auch realiter heraushebende Grundstruktur. Es war zunächst eine vor allem von Ethnologen vorgetragene Kritik, die zu

3 Für die Durchsetzung dieser Auffassung spielten die umfangreichen kulturvergleichenden Studien des amerikanischen Anthropologen Georg Peter Murdock (1949) eine wichtige Rolle.

4 Zum Beispiel war die Bundesrepublik – schaut man auf die Verheiratungsquoten – eine fast „total verheiratete" Gesellschaft; Heirat und Familiengründung waren ein von kaum jemandem hinterfragtes Leitbild der Lebensplanung.

einer gewissen Modifikation dieser Auffassung zwang, und diese Kritik wurde dann ab den siebziger Jahren durch sozialgeschichtliche Untersuchungen über vorindustrielle Familienformen in Mittel- und Westeuropa ergänzt. Diese Untersuchungen machten nämlich nicht nur die Vielfalt traditioneller europäischer Familienformen sichtbar, sondern sie ließen auch als fraglich erscheinen, ob sich bei manchen dieser Formen die Kernfamiliengruppe überhaupt sinnvoll aus dem sozialen Gesamtzusammenhang der Hausgemeinschaft heraustrennen läßt. Zum Beispiel verweisen Mitterauer/Sieder (1980, 29ff.) auf österreichische Kirchenbücher aus dem 17. Jahrhundert, in denen Haushaltsangehörige als „Kinder" bezeichnet werden, die unmöglich von ihren „Eltern" abstammen können. Und zugleich wurden dort unterschiedslos Personen als „Knechte" und „ Mägde" aufgeführt, die „Kinder" im Sinne des Abstammungszusammenhangs als auch nichtverwandte Angehörige der Hausgemeinschaft sind. Ein derartiger Hinweis macht bereits deutlich, daß im vorindustriellen Europa die „Kernfamilie" manchmal nur mit einer gewissen Künstlichkeit aus der Gesamtheit der Hausgemeinschaft heraustrennbar ist; es gibt deshalb Autoren, die in solchen Fällen die Verwendung des Kernfamlienbegriffs für unhistorisch halten und möglichst vermeiden wollen. Es leuchtet aber sofort ein, daß ein solcher Vorschlag nicht minder problematisch wie der kritisierte unhistorische Gebrauch des Begriffs ist, denn schließlich fand die Vererbung des Besitzes in den vorindustriellen Familien nur innerhalb des kernfamilialen Verwandtschaftszusammenhangs statt, und gerade das Leben im bäuerlichen Haus hatte sein ideelles Zentrum im Erhalt des Hofes für eine noch gar nicht überschaubare zukünftige Geschlechterfolge (Imhof 1984). Es bleibt aber trotzdem festzuhalten, daß der Familienzusammenhang in der traditionellen Hausgemeinschaft nur wenig mit unserem Familienbild zu tun hatte. Einen ersten Einblick in die Unterschiede erhalten wir durch einige Hinweise auf die Wortgeschichte des Familienbegriffs.

1. „Familie“ und „Haus“ – wort- und sozialgeschichtliche Hinweise

Daß der Familienbegriff zur Beschreibung von Haushaltsgemeinschaften der vorindustriellen Welt mißverständlich sein kann (zum folgenden Mitterauer/Schwab 1975), wird bereits daran deutlich, daß der Begriff erst im ausgehenden 17. und 18. Jahrhundert in Anknüpfung an das französische „famille“ in die deutsche Sprache eingegangen ist. Erst hier beginnt sich sein moderner Bedeutungsgehalt zu entwickeln, der sich vom Sinn des in der mittelalterlichen Rechtssprache benutzten Wortes „familia“ qualitativ unterscheidet. Denn „familia“ bezeichnete weder die Kernfamilie noch komplexere Verwandtschaftssysteme, sondern die Gesamtheit der in einem Haus lebenden Personen (einschließlich des Gesindes) und die Totalität ihres patriarchalisch bestimmten Lebenszusammenhangs. Die deutsche Entsprechung zum lateinischen „familia“ war der Begriff „Haus“ („Hus“), der allerdings noch einen weiteren Bedeutungsumfang hatte, denn er bezog sich nicht nur auf den Personenverband im Haus, sondern schloß auch das Gebäude selbst und das gesamte Inventar ein. Vor allem der Sozialhistoriker Otto Brunner (Brunner 1980) hat aufgezeigt, daß nicht die Familie in unserem Sinn, sondern das „ganze Haus“ (W.H. Riehl) als zentrale Differenzierungs- und Integrationseinheit der alteuropäischen Gesellschaft aufgefaßt werden müsse, und er hat versucht, einige Grundcharakteristika dieser sozio-ökonomischen Grundeinheit herauszuarbeiten. Das „ganze Haus“, dessen Urbild und wichtigste Form seit dem Neolithikum bis zum 19. Jahrhundert das bäuerliche Haus war, war ein patriarchalisch bestimmter Personenverband mit untrennbar miteinander verbundener Produktions-, Konsum- und Lebenssphäre. Alle alteuropäischen Lehren vom Wirtschaften wurzeln in der Wirklichkeit des bäuerlichen „ganzen Hauses“, und diese Lehren von der „Ökonomik“ waren grundverschieden von moderner Ökonomie. Mit Marktwirtschaft hatten sie gar nichts zu tun, sie thematisierten vielmehr Aspekte des Produktions-, Konsumtions- und Lebenszusammenhangs im „Haus“ als einer in sich geschlossenen Totalität, und sie erscheinen „unter modernen Gesichtspunkten als ein Komplex von Lehren, die der Ethik, der Soziologie, der Pädagogik, der Medizin (und) den verschiedenen Techniken der Haus- und Landwirtschaft angehören" (Brunner 1980, 83f.). Es liegt auf der Hand, daß eine derartige Vorstellung von „Wirtschaft" letztlich darauf zurückzuführen ist, daß das traditionelle bäuerliche Haus primär der Selbstversorgung diente. Je autarker nun eine solche Einheit war, desto mehr entsprach sie dem Typus einer „einfachen zentral geleiteten Wirtschaft" (Walter Eucken), wobei ein Leiter die Entscheidungsbefugnis über alle Aspekte der Erzeugung und des Gebrauchs besitzt. Ein derartiger Leiter ist aber notwendigerweise mehr als ein Betriebsleiter im modernen Sinn, denn er dirigiert ja keine sachlich begrenzten Lohnarbeitstätigkeiten, sondern er verfügt im „ganzen Haus" auch tendenziell über die „ganze Person" der Hausinsassen. In den aufs gesamte Sein bezogenen Lehren der Ökonomik reflektiert sich der patriarchalisch durchformte Lebenszusammenhang im tendenziell geschlossenen System des „ganzen Hauses".

Den bisher skizzierten Elementen des traditionellen bäuerlichen Hauses (Selbstversorgung, patriarchalische Struktur, Ungeschiedenheit der Produktions-, Konsum- und Lebenssphäre) sei noch ein letztes Merkmal hinzugefügt.

Agrarsoziologen in der Nachfolge des russischen Agrarwissenschaftlers Chayanov, der 1914 das Standardwerk über die traditionelle bäuerliche Wirtschaft („Die Lehre von der bäuerlichen Wirtschaft") verfaßt hat, haben aufgezeigt, daß man das bäuerliche „ganze Haus" als ein sich selbst regulierendes System auffassen kann, in dem die Faktoren Herrschaft, Produktion, Konsum, generative Reproduktion und die heirats- und erbrechtlichen Regelungen variable Größen mit einer Funktion sind: der Sicherung des traditionell vorgegebenen Bedürfnisquantums der Gesamteinheit (vgl. Medick, in: Kriedte u.a. 1978). Dieses Ziel bestimmte das Maß der Arbeitsverausgabung der Gruppe, das im Jahresvergleich differieren konnte. Es existierte noch kein abstraktes Arbeitsethos – ein Ethos des Vielarbeitens als Selbstzweck –, sondern die Arbeitsverausgabung wurde typischerweise eingeschränkt, wenn günstige Umstände dies erlaubten. Ungünstige Umstände beantwortete die Einheit mit einer Steigerung ihres Arbeitsvolumens, aber diese durfte einen gewissen Grenzwert nicht überschreiten. Denn Arbeit wurde als Mühsal begriffen, und man senkte lieber den Bedürfnisstandard, als sich einer immensen Arbeitsverausgabung zu unterwerfen.

2. „Großfamilie"

Wir haben bisher hervorgehoben, daß vorindustrielle Familienformen typischerweise als eine Einheit von Produktions- und Haushaltsgemeinschaften begriffen werden müssen, und auf diesem Merkmal – dem Grundelement des „ganzen Hauses" – basierte wesentlich ihre Struktur. Als Ausgangspunkt für die Beschreibung weiterer Charakteristika von in Mittel- und Westeuropa verbreiteten Familienmustern bietet sich nun eine Diskussion von Aspekten des Begriffs der „Großfamilie" an, der oftmals unmittelbar mit der Familie der vorindustriellen Zeit in Verbindung gebracht wird. Interesse verdient zunächst, daß derartige Verbindungen in idyllisierenden Stilisierungen (vgl. zum folgenden v.a. Mitterauer/Sieder 1980, 38ff.) besonders ab der Mitte des 19. Jahrhunderts entworfen wurden. Dafür gibt es wahrscheinlich vor allem zwei Ursachen: Zunächst wuchs in dieser Zeit gerade in den bäuerlichen Familien, an denen man sich in seinen Aussagen über vorindustrielle Familienformen orientierte, tatsächlich die Kinderzahl und die Chance des Zusammenlebens mehrerer Generationen unter einem Dach – hier entfaltete sich der Prozeß des „demographischen Übergangs" mit einer kontinuierlichen Reduktion der Sterbeziffern bei zunächst gleichbleibenden Geburtenziffern. Daß es aber zu nostalgischen Verklärungen der angeblichen vorindustriellen Großfamilie kam, läßt sich vor allem als eine Reaktion auf den Modernisierungs- und Industrialisierungsprozeß deuten, als ein konservativer ideologischer Ordnungsentwurf gegen die instabilen und „gemeinschaftszersetzenden" Gegenwartsverhältnisse. Konzeptionen dieser Art wurden in Deutschland z.B. von Wilhelm Heinrich Riehl und in Frankreich von Frederic Le Play vertreten. Le Play (Le Play, 4 Bde., 1857-1862) etwa begriff die „Stammfamilie" – eine Form der patriarchalischen Mehrgenerationenfamilie – als den wichtigsten vorindustriellen europäischen Familientypus im bäuerlichen Bereich, und er konfrontierte dieser Stammfamilie die „instabile" Kernfamilie der Gegenwart in Gegensatzbegriffen, die diesen Konservatismus verdeutlichen: Für ihn zeichnete sich der Zusammenhalt der Stammfamilie durch Verantwortungsgefühl und Solidarität aus, während in der modernen Kernfamilie der Egoismus – der Wunsch nach größtmöglicher

Entfaltung der Einzelpersönlichkeit – dominiere. Dazu trat dann ein positiv bewertetes Bild traditioneller familialer Autoritätsstrukturen, auf dessen Hintergrund die Kernfamilie als gewissermaßen „zerfallene Ordnung“ erschien, und drittens wurde eine angebliche Ausbreitung sexueller Freizügigkeit beklagt und dagegen die Enthaltsamkeit, die die traditionelle Familie ihren ledig bleibenden Mitgliedern aufnötigte, zum positiven Verhaltensleitbild stilisiert.

Für uns ist das Entwicklungsmodell interessant, das Riehls und Le Plays Theorien zugrunde liegt. Beide begreifen nämlich die Entstehung der negativ bewerteten isolierten Kernfamilie als *Produkt der Industralisierung*, und beide sind Mitbegründer einer Kulturkritik der Familienentwicklung, die in vielfach variierten Thesen bis in die Gegenwart – in den Klagen über den Zerfall ehemals angeblich heiler kernfamilialer Strukturen – weitergeschrieben wird. Bemerkenswert ist, daß auch viele der „emanzipatorischen“ Gegenpositionen zur konservativen Kulturkritik, die die angebliche Antiquiertheit kernfamilialer Strukturen in der „postindustriellen Gesellschaft“ behaupten, mit dieser und ihren Vorläufern bei Riehl und Le Play eine Grundprämisse teilen, die wir im folgenden überprüfen wollen: daß die Entstehung der Kernfamilie auf die Bedingungen der entstehenden industriellkapitalistischen Gesellschaft zurückzuführen sei.

Es ist zunächst ratsam, den häufig undifferenziert benutzten Begriff der „Großfamilie“ genauer zu bestimmen. Dafür gehen wir aus von der Unterscheidung von zwei Grundformen, die ihrerseits in weitere Untertypen aufgliederbar sind: der Mehrgenerationenfamilie und der „komplexen Familie“. Die Mehrgenerationenfamilie bezeichnet zumeist einen aus den Angehörigen von drei Generationen zusammengesetzten Personenverband, in dem mindestens ein verheirateter Sohn – der Erbe – mit seinen Kindern und seinen Eltern und eventuell auch seinen unverheirateten Geschwistern zusammenlebt. Zwei soziologisch relevante Ausprägungen der Mehrgenerationenfamilie (vgl. Mitterauer/Sieder 1980, 48ff.) sind zu unterscheiden: Erstens der patriarchalische Typus – die „Stammfamilie“ –, der sich dadurch auszeichnet, daß die wesentlichen Entscheidungsbefugnisse in der Hand des Vaters bis zu seinem Tod konzentriert bleiben, und zweitens die sogenannte „Ausgedingefamilie“, in der der Sohn nach seiner Verheiratung die

Position des Familenoberhaupts übernimmt. Die andere Grundform der Großfamilie, die „komplexe" Familie, ist dadurch charakterisiert, daß die Brüder nach dem Tod des Vaters zusammen mit ihren Frauen und Kindern in ungeteilter Erbengemeinschaft zusammenleben und wirtschaften, wobei sich dieser Vorgang mehrfach wiederholen kann, so daß auch Vettern und Neffen ersten und zweiten Grades zur Hausgemeinschaft gehören.

Wenn wir nun nach der Verbreitung von Großfamilienformen im vorindustriellen Mittel- und Westeuropa fragen, dann können wir zunächst festhalten, daß es den „komplexen" Typus kaum gab – häufig findet er sich hingegen in Ost- und Südosteuropa („Zadruga") –, während sich hinsichtlich der Mehrgenerationenfamilien ein uneinheitliches Bild ergibt. Erste Anhaltspunkte vermittelt das sehr gute Datenmaterial über England. Bis zurück zum 16. Jahrhundert wurden hier auf der Grundlage umfassender Stichproben durchschnittliche Haushaltsgrößen insbesondere in ländlichen Gebieten berechnet. Dabei ergaben sich keine überwältigenden Größen – die Mittelwerte bleiben im 16., 17. und 18. Jahrhundert ziemlich unverändert bei 4,5 Personen pro Haushalt –, die die These von „der" vorindustriellen Großfamilie keineswegs bestätigen (vgl. Mitterauer/Sieder 1980, 35ff.). Nun ist klar, daß solche Mittelwerte ein irreführendes Bild ergeben können, weil sich in ihnen möglicherweise eine große Vielfalt unterschiedlicher Haushaltsgrößen verbirgt. Deshalb hat man in Stichproben versucht, die Anteile verschiedener Haushaltsgrößen in Gebieten West-, Mittel- und Nordeuropas festzustellen. Dabei erkannte man zunächst eine außerordentliche Vielfalt von Familienformen, aber man konnte auch feststellen, daß in diesen Regionen Europas Großfamilientypen kaum dominant gewesen sein können. Auch wurde ersichtlich, daß von den beiden Formen der Mehrgenerationenfamilie die Ausgedingefamilie zumeist verbreiteter war.

Festhalten können wir zunächst folgendes: Die Kernfamilie ist keineswegs ein Produkt der Industrialisierung, sondern sie ist auch im vorindustriellen Europa häufig zu finden, und ihre Bedeutung nimmt im Westen und Norden Europas und zugleich auf den unteren Rängen der ständischen Ordnung zu. Industrialisierungsbedingt waren im wesentlichen zwei Prozesse: erstens die Verallgemeinerung der Kernfamilie zur fast alleinigen Familienform in Europa und zweitens – und das ist wesentlich – tiefgehende Wandlungen innerhalb des kernfamilialen Grundzusammenhangs, welche die eigentliche Entwicklung zur modernen Familie kennzeichnen.

3. Elemente vorindustrieller Familienformen

Im folgenden wollen wir an einigen charakteristischen Merkmalen vorindustrieller Familienformen in Mittel- und in Westeuropa demonstrieren, wie sehr ihre Lebenswirklichkeit von modernen Mustern und Leitbildern der Familie abwich. Dabei wird unser erster Gesichtspunkt – typische Regelungen des Heiratsverhaltens – zugleich erkennen lassen, daß und warum soziale Normen und Konventionen darauf abzielten, die mehrgenerationale Großfamilie möglichst zu vermeiden. Man hat festgestellt, daß in Mittel- und Westeuropa das Heiratsalter in der bäuerlichen und auch in der handwerklichen Bevölkerung zumeist sehr hoch war, und darin spiegelt sich gerade die Intention, die Spanne mehrgenerationalen Zusammenlebens klein zu halten. Das Heiratsalter bei beiden Geschlechtern lag zwischen dem 25. und 30. Lebensjahr (und oft auch darüber), und wenn man das relativ niedrige Sterbealter der Verheirateten berücksichtigt, dann macht allein schon die Differenz zwischen dem durchschnittlichen Heirats- und Sterbealter ein längeres Zusammenleben von drei Generationen in einem Haushalt recht unwahrscheinlich (vgl. Mitterauer/Sieder 1980, 50ff.). Warum das mehrgenerationale Zusammenleben begrenzt werden sollte, liegt auf der Hand: Die „Ausgedingezeit" der Altbauern, die Zeit, in der sie nicht mehr vollwertig mitarbeiten konnten, aber vom Familienverband mitversorgt wurden, stellte normalerweise eine große ökonomische Belastung dar, die möglichst weitgehend reduziert werden sollte.

Bereits unsere Bemerkungen zum hohen Heiratsalter und seinen Gründen lassen erahnen, wie sehr vorindustrielle Familienverhältnisse durch das Schwergewicht dinglich-ökonomischer Faktoren bestimmt waren; daß der Code der Beziehungen sich von dem in der modernen Kernfamilie grundlegend unterschied und gewisse Gefühlsqualitäten ausschloß, die wir als Voraussetzung und Bestandteil von Ehe und Familie gewohnt sind zu denken. Wir wollen dies im folgenden an einigen Aspekten verdeutlichen.

Daß in der traditionellen europäischen Gesellschaft „Liebe“ keineswegs als hinreichendes und wichtigstes Motiv für eine Eheschließung angesehen wurde, haben wir früher bereits – bei der Behandlung der vorindustriellen Bevölkerungsweise – hervorgehoben: Die vorindustriellen Heiratsregelungen bezogen sich nicht nur auf das Heiratsalter, sondern sie begrenzten auch den Kreis der Heiratsfähigen, und Grundvoraussetzung für eine obrigkeitliche Heiratserlaubnis war normalerweise der Nachweis einer gesicherten Nahrungsbasis. Dies hatte häufig nicht nur den Ausschluß des Gesindes, sondern auch der nicht erbenden Kinder des Bauern aus dem Kreis der Heiratsfähigen zur Folge; denen blieb manchmal nichts anderes übrig, als Gesindedienste bei ihrem erbenden Bruder zu leisten oder sich an einem anderen Hof zu verdingen. Daß eine derartige Perspektive bei den nicht erbenden Geschwistern kaum Sympathiegefühle gegenüber dem erbenden Bruder entstehen ließ, ist unschwer vorstellbar, aber dies zeigt eben nur, wie sehr die auf Besitzerhaltung und Gewährleistung der traditionellen „Nahrung“ zielenden heirats- und erbrechtlichen Regelungen auch die innerfamilialen Beziehungen prägen mußten. Dinglich-ökonomische Faktoren, so deuteten wir gerade an, begründeten in der vorindustriellen Gesellschaft außerordentlich restriktive Heirats- und Erbregelungen; gleichzeitig verhinderten sie bei den Erb- und Heiratsberechtigten auch die Wahlmöglichkeit zwischen Heirat und Nichtheirat. Der bäuerliche Hof und auch der Handwerksbetrieb waren arbeitsteilig organisierte Arbeits- und Lebenszusammenhänge, die ohne die sich ergänzenden Rollen der beiden Eheleute nicht aufrechtzuerhalten waren. Die Heirat und – nach dem Tode eines Ehegatten – die Wiederverheiratung waren ökonomisch erzwungen, und deshalb waren auch Mehrfachverehelichungen mit teilweise ganz erheblichen Altersunterschieden zwischen den Eheleuten im bäuerlichen und handwerklichen Bereich etwas durchaus Typisches. Daraus aber resultierten Familienzyklen und – konstellationen, die sich von denen in der modernen Familie unterscheiden. Moderne familiale Erfahrung beruht auch wesentlich auf einer Familienkonstellation mit folgenden Grundmerkmalen: einem relativ geringen Altersabstand der Ehepartner, einer relativ homogenen Geschwistergruppe und dem Fehlen zusätzlicher Haushaltsangehöriger. An dieser Alterskonstellation ändert sich, solange Eltern und Kinder zusammen leben, nichts, es stehen sich also eindeutig Angehörige verschiedener Generationen gegenüber, wodurch auch Generationenpolarisierungen im psychosozialen Sinn entstehen können. Im Gegensatz zu dieser Konstellation bestand zwischen den Angehörigen des vorindustriellen Familienverbandes häufig eine ausgeprägte Altersstreuung, die mehrere Ursachen hatte: „zunächst (den) größeren Altersabstand zwischen den Ehepartnern; er kann bei Zweit- und Drittheirat bis zu mehreren Jahrzehnten betragen, und zwar keineswegs nur im Mann-Frau-Gefälle, sondern durchaus auch umgekehrt. Dann die breitgestreute Altersverteilung in der Geschwisterreihe in Folge größerer Intervalle zwischen den überlebenden Kindern; sie tritt besonders deutlich in Erscheinung, wenn eines oder mehrere von ihnen auf Dauer im Haus bleiben bzw. wenn die Kinder aus verschiedenen Ehen stammen. Ferner die Mittlerstellung des Gesindes; Knechte und Mägde stehen altermäßig zumeist zwischen Eltern und Kindern; nur bei jungen Hofinhabern ist das Gesinde mitunter älter. Schließlich die Einrichtung des Ausgedinges; sie bedingt ein Entwicklungsstadium, in dem für einige Zeit sogar Angehörige von drei Generationen zusammenleben“ (Mitterauer/Sieder 1980, 85).

Die vorindustrielle Familienkonstellation unterschied sich nicht nur durch die große Altersstreuung – die natürlich Auswirkungen auf die Sozialisationsbedingungen hatte – von modernen Mustern, sondern auch durch ihre Unbeständigkeit. Eine der typischen modernen familialen Erfahrungen, die in den letzten beiden Jahrzehnten freilich mehr und mehr aufgeweicht wurde, ist die Erfahrung personeller Konstanz der Familiengruppe. Typisch für die vorindustrielle Familie war hingegen der häufige Wechsel ihrer Konstellation. Von Trotha charakterisiert das so: „Den sozialen Beziehungen des <ganzen Hauses> und den Familien, die es ausfüllten, fehlte (das) Gleichmaß. Das „ganze Haus“ war bestimmt durch ein fortwährendes Kommen und Gehen. Die Menschen mußten neue Menschen in ihre Mitte aufnehmen und sich wieder trennen, sie gingen Bindungen ein und mußten sie wieder lösen. Das Kommen folgte in der Gestalt von Neugeborenen, neuen Ehefrauen und Ehemännern, Stiefmüttern und Stiefvätern, von alleinstehenden Verwandten, Geschwistern, die von der Wanderschaft heimkehrten, neuen Gesindemitgliedern, Gesellen, Lehrlingen, Dienstboten, auch Kostgängern. Das Gehen brachte der allgegenwärtige Tod und die vielen anderen Zwänge und Anlässe, die die Menschen von zu Hause forttrieben, wobei nicht anders als heute die Suche nach einem Auskommen wesentlich war. Man hatte sich für kürzere, oder seltener, längere Zeit als Magd und Knecht zu verdingen..." (von Trotha 1990, 455).

Ich habe bereits einige Male darauf hingewiesen, wie sehr die Struktur vorindustrieller Familien durch dinglich-ökonomische Faktoren bestimmt war. Aufzeigen läßt sich dies auch an der *Brautwahl.* Daß „Liebe" und Gefühle, die sich auf den anderen als unverwechselbares Individuum beziehen, dabei das wichtigste Motiv gewesen seien, können wir ausschließen. Dies stand weder in der Bauern-, Handwerker- noch in der Adelsfamilie im Vordergrund. Gerade der europäische Adel hat klar zwischen Liebe und Leidenschaft einerseits und der Ehe andererseits getrennt. Bis hinauf zum König war im Adel der vorbürgerlichen Zeit die Eheschließung ein sorgfältig kalkulierter ökonomischer Akt, und ähnliches galt auch im bäuerlichen Bereich. Wie wenig hier „Liebe" die Brautwahl bestimmt hat, zeigt sich am unmittelbarsten darin, daß die Anbahnung der Ehe manchmal durch die Eltern der Brautleute zustande kam, über einen Vertrag zwischen den beiden Altfamilien. Die Eheschließung war in diesem Fall nichts weiter als ein Akt wechselseitiger Verknüpfung zweier Familieninteressen zur Sicherung des Besitzes und zur Regelung der Nachfolge, und eben diese Interessen standen bei Eheschließungen in der vorindustriellen Gesellschaft immer im Vordergrund. Konkret hieß das, daß die Brautwahl an sehr handfesten Kriterien orientiert war, etwa an der Höhe der Mitgift und natürlich auch an der Arbeitsfähigkeit und Gesundheit der Frau. Denn die Arbeitsfähigkeit und Gesundheit der Frau waren Grundvoraussetzungen für die Aufrechterhaltung des arbeitsteilig organisierten Produktionszusammenhangs des „ganzen Hauses", für die Sicherung familialer Kontinuität auf dem Grund und Boden.

Die *Beziehungen zwischen den Eheleuten* beruhten im „ganzen Haus" auf einem vorgegebenen System geschlechtsspezifischer Arbeitsteilung (vgl. Shorter 1977, 72ff.), das der Frau die eigentlichen Haushaltstätigkeiten zuwies, und auf strikt ritualisierten, patriarchalischen Verhaltensmustern. „Die (Rollenaufteilung) im Haus, auf dem Feld oder in der Kirche gehorchte einer streng festgelegten Ordnung, die half, konfliktträchtige Situationen zu vermeiden ... Die Sitzordnungen bei Tisch und Verlauf der Mahlzeiten gehorchten ebenfalls einem genauem Ritual. Für die Bauernhöfe im elsässischen Kochesberg wird die Sitzordnung folgendermaßen beschrieben: Der Hausherr hat den besten Platz, der unbesetzt bleibt, wenn er außer Haus ist. Er sitzt an der Bankecke, von wo aus er die Straße, den Hof und die Familiendokumente überwachen kann, die im Herrgottswinkel versperrt aufbewahrt wurden. Während des Essens sitzt der Hausherr am Kopfende des Tisches, rechts von ihm seine Frau, links die Söhne, die Töchter neben der Mutter, dann kommen die Dienstboten ... Zahlreiche Dokumente bezeugen, daß die Frauen in der Realität selbst in vermögenden Bauernfamilien selten mit den Männern am Tisch saßen, denn sie bedienten sie. So schreibt Lazare de la Salle de l'Hermine in den Erinnerungen an seine Reise ins Elsaß: „Bei jedem Festessen nimmt die Hausfrau erst am Tisch Platz, wenn der Nachtisch kommt, das heißt wenn sie sich zu der Runde gesellt, weiß man, daß es in der Küche nichts mehr zu beaufsichtigen gibt und nichts mehr gebracht wird. Der Hausherr schnitt das Brot, schenkte den Wein ein, bediente sich als erster – mit den besten Stücken – und verteilte dann die Speise an die Gäste" (Ariès, Duby 1991, 517f.). Man sollte bei den zahlreichen derartigen Schilderungen der patriarchalisch bestimmten Geschlechterbeziehungen im „ganzen Haus" immer auch mitberücksichtigen, daß das System der Arbeitsteilung den Frauen in ihrem Tätigkeitsbereich ein relativ großes Maß an Autonomie gestattete. Und es darf auch nicht fraglos vorausgesetzt werden, daß die Frauen ihre untergeordnete Stellung subjektiv als bedrückend empfanden, denn Fragen nach persönlicher Freiheit und persönlichem Glück lagen – wie Shorter aufgezeigt hat – außerhalb des subjektiven Selbstverständisses der Geschlechter in der traditionellen Gesellschaft. Ihre typische Lebensperspektive hat Shorter folgendermaßen zu charakterisieren versucht: „Ich werde meine Rolle spielen, du die deine, wir werden beide den Erwartungen der Gemeinschaft entsprechen, und so wird sich unser Leben ohne Unordnung entfalten" (Shorter 1977, 73).

Natürlich unterschieden sich auch die *Sozialisationsbedingungen* im „ganzen Haus" vollkommen von denen in der modernen Familie. Die moderne Familie ist ein weitgehend kindzentriertes Gebilde, ein Ort bewußter Kindererziehung in einer hochgradig emotionalen Eigensphäre. Dagegen wuchsen die Kinder in der vorindustriellen Gesellschaft zumeist sozusagen natürwüchsig in den Arbeits- und Rollenzusammenhang des „ganzen Hauses" hinein, in ein System, in dem eine eigene „Spielwelt" des Kindes und Trennungen zwischen Kindheit, Jugend und Erwachsenheit höchstens in Ansätzen existierten (vgl. Ariès 1978). Die frühen Mutter-Kind-Beziehungen waren im Vergleich zur Gegenwart von einer großen emotionalen Kargheit, in denen „Mutterliebe" im modernen Sinn – folgt man vielen Autoren – als Rollenerwartung nicht vorgesehen zu sein schien. Es ist sicherlich nicht falsch, die etwa von Shorter (1977) und Badinter (1981) ausführlich beschriebene „Kälte" in der Einstellung Kleinkindern gegenüber auch als eine Folge der Kindersterblichkeit zu begreifen. Es gibt viele Zeugnisse mit Reaktionen auf den Tod von Kindern, die uns sehr befremden, wir sollten aber bedenken, daß es in einer Gesellschaft, in der jedes zweite Kind vor seinem zwanzigsten Lebensjahr stirbt, unmöglich ist, Kinder als unersetzbare Wesen zu betrachten. Sachlich ausgedrückt: Der jederzeit mögliche Verlust behinderte hohe „emotionale Investitionen". Freilich erscheint auch die entgegengesetzte These – daß die fehlende emotionale Wärme die hohe Kindersterblichkeit mitbedingt hat – vertretbar. Wahrscheinlich ist die für das 19. Jahrhundert charakteristische Reduktion der Sterblichkeitsziffern, die den „demographischen Übergang" einleitete, nicht nur auf objektive Faktoren (Ernährung, Medizin, Hygiene) zurückzuführen, sondern auch auf die Verbreitung einer neuen Einstellung zum Kind, die den Entwicklungsprozeß der modernen Familie begleitete.

IX. ‚Bürgerliche' Kernfamilie und Industrialisierung

1. Aspekte des frühen bürgerlichen Familienleitbildes

Seit dem letzten Drittel des 18. Jahrhunderts entstand in Deutschland in einer zunächst sehr kleinen, aber geistig einflußreichen Schicht, die wir in einer nicht ganz unproblematischen Verkürzung „akademisch gebildetes Bürgertum" oder kurz „Bildungsbürgertum" nennen wollen, ein neues Familienideal (vgl. Rosenbaum 1982, 255ff.), das sich im 19. Jahrhundert in allen bürgerlichen Gruppen durchsetzte und zugleich mehr und mehr Vorbildcharakter für nichtbürgerliche Bevölkerungsgruppen bekam. Bis in die jüngste Vergangenheit fungierte dieses Ideal – jedenfalls in seinen Grundmerkmalen – als kaum hinterfragtes Orientierungsmodell für die Lebensplanung fast aller.

In einer vorbereitenden Überschau lassen sich die Hauptmerkmale dieses Ideals schlagwortartig folgendermaßen charakterisieren: 1.) Familie wird als ein emotional hochbesetzter intimer Raum begriffen, der der öffentlich-beruflichen Sphäre polar entgegengesetzt ist. 2.) Gleichberechtigung und Liebe sollen Basis der Eheschließung sein. 3.) Familie ist ein wesentlich kindzentriertes Gebilde.

In seiner deutschen Ausformung reflektiert dieses Familienideal auch das schwierige Verhältnis des Bildungsbürgertums gegenüber dem Adel (Rosenbaum 1982, 260) und dessen mangelnde Integration in die Ständeordnung: „Familie" wurde einer der wichtigsten Orte, in dem sich ein spezifisch bürgerlicher Wertekomplex gerade in Opposition zur Werteordnung des Adels entfalten und konkretisieren konnte; zu zentralen Elementen dieses neuen Wertekomplexes wurde das Postulat der Gleichberechtigung und der Liebe als Basis der Eheschließung. Diese Postulate schlossen eine Ablehnung feudalständischer Heiratsregeln ein, und sie begründeten emotionalisierende Stilisierungen von Ehe und Familie, wie es sie vorher nie gegeben hatte (vgl. Weber-Kellermann 1974, 107.).

Man sollte sich vergegenwärtigen, daß das uns heute selbstverständlich erscheinende Postulat der Liebesheirat historisch im wesentlichen ein Entwurf der bürgerlichen Emanzipation in der Epoche der Aufklärung war. Es ist verknüpft mit der Entfaltung eines neuen Konzepts von Individualität, das sich auch und gerade in der hochgradigen Individualisierung der Ehepartnerwahl äußerte: Basis einer Ehe sollten nicht mehr Normen und Konventionen des Standes oder ein materielles Kalkül der Besitzvergrößerung sein, sondern allein die auf den jeweils anderen als unaustauschbaren, gleichberechtigten Einzelnen bezogenen Gefühle. Im Ideal der Liebesheirat äußerte sich eine sentimentalisch und moralisierend eingefärbte Ablehnung der ständischen Ordnung mit ihren strikten Heiratsregeln, denn „Liebe" läßt sich nicht auf die Angehörigen gleicher Stände einengen, sondern irrlichtert zwischen ihnen hin und her, und wenn „Liebe" – wie im bürgerlichen Ideal – als „natürliche" Basis von Ehe ausgemalt wird, dann schließt das Ehebild eine Fundamentalkritik der Ständeordnung ein. Wohlgemerkt, es handelt sich hier um ein Ideal, aber dieses Ideal wurde im ureigensten Gebiet des gebildeten Bürgertums – der literarischen Produktion – ungemein wirksam, und wir wissen aus den „bürgerlichen Trauerspielen", wie sehr mittels der Ideologisierung von „Liebe" die bestehende Adelsherrschaft angegriffen wurde: Das immer unglückliche Ende der Liebe zwischen Bürgerstochter und Adelssproß – die vom adligen Wertekodex erzwungene Unmöglichkeit, ein derartiges Liebesverhältnis in eine Ehebeziehung zu überführen – sollte die Illegitimität der ständischen Ordnung drastisch illustrieren.

Exkurs: Zur Unvereinbarkeit bürgerlicher und adliger Heiratsvorstellungen

Ich hatte gerade angedeutet, wie sehr sich das neue bürgerliche Eheideal, das ein Zusammenfallen von Ehe und Liebe forderte, vom Ehebild und der Ehepraxis des Adels unterschied: Die

Ehepraxis des Adels beruhte normalerweise auf der Trennung zwischen Liebe und Ehe, die Ehe wurde als Akt der Besitzvergrößerung und der Sicherung adliger Generationenfolge begriffen. Es liegen hier also zwei miteinander inkommensurable Ehevorstellungen vor, und natürlich behauptete das Bürgertum – die moralisierende Klasse par excellence – eine moralische Höherwertigkeit seines Ehebildes. In der literarischen Produktion der Zeit wird nun oftmals der Aufeinanderprall beider Ehebilder geschildert, durch den es dann zu Verwicklungen mit einem tragischen Ende kommt.

Ich will an einem literarischen Beispiel (zum folgenden: von Matt 1989, 105ff.) dieses Aufeinanderprallen bürgerlicher und adliger Ehe- und Liebesvorstellungen kurz skizzieren – an einem Beispiel, das zwar ästhetisch belanglos, aber deswegen interessant ist, weil hier die Konfrontation beider Leitbilder zusammenfällt mit einem wechselseitigen Mißverständnis: Jeder der beiden Partner unterstellt dem anderen ganz fraglos, daß er sein Ehebild teile, wodurch eine Kette sich verschärfender Mißverständnisse mit tödlichem Ausgang entsteht. Die Rede ist von einer Ballade von Gottfried August Bürger, die den Titel „Des Pfarrers Tochter von Taubenhain“ trägt und im Jahre 1782 verfaßt worden ist. Daß die eine der beiden Hauptpersonen dieser Ballade eine Pfarrerstochter ist, veranschaulicht einen durchaus typischen Sachverhalt, denn evangelische Pfarrer, Professoren und Geheimräte waren wichtige Repräsentanten des Bildungsbürgertums. Als zweite Hauptfigur fungiert ein Junker, und die Ballade beginnt damit, daß sich die beiden ineinander verlieben. Es kommt zu Schäferstündchen der beiden, die natürlich in einer Laube – der Pfarrerslaube – stattfinden, und im Verlaufe dieser Schäferstündchen wird der Junker immer drängender. Das Pfarrersmädchen kommt seinem Drängen aber erst nach, nachdem sie ihm einen Schwur abverlangt hat. Dieser Schwur lautet folgendermaßen:

> „Er schwur sich bei allem, was heilig und hehr,
> auf ewig zu ihrem Getreuen.
> Und als sie sich sträubte, und als er sie zog,
> vermaß er sich teuer, vermaß er sich hoch:
> <Lieb Mädel, es soll Dich nicht reuen!>“

Was in diesem Schwur gesagt wird, ist höchst doppeldeutig, es ist aber keineswegs damit gemeint, daß diese Doppeldeutigkeit

Ergebnis eines kühl kalkulierten Verführungsaktes des Junkers ist, über den man sich moralisierend empören solle. Es ist doppeldeutig, aber der Junker meint etwas Eindeutiges, und auch unser armes Pfarrersmädchen faßt den Schwur eindeutig auf, aber im Sinne ihres, des bürgerlichen Liebes- und Ehebildes. Sie begreift den Schwur nämlich als Heiratszusage. Nun nimmt das Unglück seinen Lauf. Denn das Pfarrersmädchen wird schwanger, und sie klagt nun beim Junker auf Einhaltung des ihr gegebenen Schwurs. Nun stellt sich aber heraus, daß beide – das Mädchen und der Junker – den Schwur in einem völlig anderen Sinn aufgefaßt haben – er im Sinne des feudalaristokratischen Ehe- und Liebesbildes, das Ehe und Liebe trennt, sie im Sinne des bürgerlichen Eheideals. Der Junker sagt:

„<Hoh, Närrchen, so hab ich es nimmer gemeint!
Wie kann ich zum Weibe Dich nehmen?
Ich bin ja entsprossen aus adligem Blut.
Nur gleiches zu gleichem gesellet sich gut;
Sonst müßte mein Stamm sich ja schämen.

Lieb Närrchen, ich halte Dir's, wie ich's gemeint:
Mein Liebchen sollst immerdar bleiben
und wenn Dir mein wackerer Jäger gefällt,
so laß ich's mir kosten ein gutes Stück Geld.
Dann können wir's ferner noch treiben.>

Übersetzt heißt das: Der Junker offeriert der Pfarrerstochter die Stelle einer Mätresse, verbunden mit der Legitimierung ihres Kindes durch eine Scheinehe. Sie soll den Jäger des Junkers heiraten, also jemanden, den sie garnicht kennt, und dann können sie sich immer wieder treffen und ihrer Liebe frönen.

Es wäre nun völlig falsch, wenn man diese Offerte des Junkers als zynisch gemeint auffaßte; sie ist die Konsequenz seines feudalaristokratischen Ehe- und Liebesbildes, das auch den Sinn seines Schwurs bestimmte. Der Pfarrerstochter aber muß die Offerte des Junkers als schrecklichste Form des Verrats erscheinen. Sie versteht etwas als zynische Form des Treuebruchs, was ganz anders gemeint ist. Er will nämlich sagen, daß er sie weiterhin liebt, ihr die Treue hält und für sie sorgt, aber eben nicht in der Ehe, die durch ganz andere Spielregeln bestimmt ist.

In dieser Ballade geht es also nicht um die Geschichte zwischen einem adligen Schuft und seinem bürgerlichen Opfer, sondern um den Aufeinanderprall zweier völlig inkommensurabler Ehe- und Liebesvorstellungen. Dadurch wird diese ästhetisch belanglose Ballade, an deren Ende selbstverständlich der Tod des von uns bedauerten Pfarrersmädchen steht, soziologisch interessant.

Was das bürgerliche Ideal von Liebe und Ehe im literarisch-intellektuellen Bereich anstieß, kann kaum überschätzt werden: Erst durch die endlose Beschwörung und Reflexion eines Gefühls wurde sozusagen der Weg ins „Innere" der Person freigelegt, wahrscheinlich wurde dadurch erst die moderne *Auffassung des „Inneren"* möglich: der persönlichen – sozial vorgegebene Regeln zurückweisenden – Gefühle, die alle zum Sprechen gebracht, in der „Kommunikation" mit sich selbst und anderen erforscht, erfahren und dadurch allererst wirklich werden. Vielleicht sind auch die Psychoanalyse und die gegenwärtig verbreiteten Selbsterfahrungsgruppen Spätprodukte des bürgerlichen Liebes- und Eheideals.

Außer der Liebe wurde auch der *Treue* der Ehepartner im bürgerlichen Familien- und Eheideal (vgl. Frevert 1986, 21ff.) eine ganz neue Bedeutung zugeschrieben: „Lebenslängliche" Treue der Ehepartner wurde als Folge eines freiwilligen Entschlusses unaustauschbarer Einzelner begriffen – eine Auffassung, die sich nicht nur als Ablehnung der adligen Ehewirklichkeit begriff, sondern auch gegenüber der christlichen Treueverpflichtung neue Motive enthielt. Besonders wichtig wurde für das bürgerliche Familienleitbild ein weiteres Element: eine neue Einstellung zur Kindheit, eine „Entdeckung" (vgl. Ariès 1978) der Kindheit, welche erst eine Kindererziehung im Sinne bürgerlicher Bildungs- und Leistungsideale möglich machte. Daß ins bürgerliche Familienleitbild Bildungs- und Erziehungsideale eingingen, war naheliegend, denn Bildung und individuelle Leistung waren diejenigen Werte, die das bildungsbürgerliche Selbstbewußtsein gegenüber dem Adel nährten (vgl. Rosenbaum 1982, 272f.). Die höhere Aufmerksamkeit, die man den Kindern und der Erziehung der Kinder zukommen lassen wollte, war eine Folge des bürgerlichen Leistungsbewußtseins und der bürgerlichen Individualitätskonzeption, und sie wurde von bedeutenden Zeitströmungen gestützt und gefördert. Erinnert sei etwa an Rousseaus Erziehungsschriften, die auch in Deutschland weit verbreitet waren. In ihnen wurde das Kind als „unbeschriebenes Blatt" begriffen, das zunächst ungebildet, aber bildungsfähig sei und das möglichst durch die leiblichen Eltern oder professionelle Erzieher bewußt – unter Einbeziehung der Förderung individueller Anlagen und Neigungen – erzogen werden solle. Kurz: Das bürgerliche Ehe- und Familienideal beruhte nicht nur auf einer ganz neuartigen Individualisierung der Ehepartnerwahl, sondern begründete ebenso eine Individualisierung der Einstellung zum Kind, die Anfänge der „Kindzentrierung" der modernen Familie.

Erwähnen wir schließlich noch ein letztes Element des bürgerlichen Familienleitbildes, das als Grundlage der bisher skizzierten begriffen werden sollte: Die Auffassung der Familie als einer exklusiven Privatsphäre, eines Intimraumes, der als ein sozialer Ort ganz eigener Art öffentlich-beruflichen Beziehungen gegenübergestellt wird.

2. Bedingungen und Auswirkungen des bürgerlichen Familienleitbildes

Was war die Grundbedingung für die Entstehung des gerade skizzierten bürgerlichen Familienideals, und was war die Grundbedingung für seine Durchsetzung zu einem mehr und mehr schichtunabhängigen Leitbild im 19. und 20. Jahrhundert?

Wir erwähnen zunächst nur die wichtigste objektive Voraussetzung für die Entstehung dieses Leitbildes: Die räumliche Ausgliederung der Berufsarbeit aus dem Haus, die Trennung von Wohnung und beruflichem Arbeitsplatz (vgl. Mitterauer/Sieder 1980, 57ff.). Zwar fehlte diese Trennung in vorindustrieller Zeit nicht völlig, sie war aber auf vergleichsweise kleine Bevölkerungsgruppen beschränkt. Man findet sie z.B. bei Beschäftigten im Bergbau, im Baugewerbe, bei Tagelöhnern, oder – auf den höheren Ebenen der Gesellschaftshierarchie – bei den Beamten der absolutistischen Bürokratie, einer Gruppe, aus der das Bildungsbürgertum ganz wesentlich hervorging. Im Großen und Ganzen aber waren vor der Industrialisierung die räumliche Einheit von Arbeits- und Wohnsphäre „im ganzen Haus" und die dieser Einheit entsprechenden Erfahrungen und Familienformen das Typische, und erst der

Übergangsprozeß von der Agrar- zur Industriegesellschaft machte die Trennung beider Bereiche für den Großteil der Bevölkerung zum Normalfall. Dieser Ausgliederungsprozeß der Berufsarbeit aber war die Grundvoraussetzung dafür, daß sich Merkmale des bildungsbürgerlichen Ehe- und Familienideals mehr und mehr verbreitern konnten, und zwar in einer Entwicklung von „oben" nach „unten", einem Prozeß, in dem Leitbilder privilegierter Schichten mit zunehmendem Wohlstand eine Vorbildfunktion für untere Sozialschichten bekamen. Erst der durch die Industrialisierung bewirkte räumliche Differenzierungsprozeß zwischen einer Berufsarbeits- und Wohnsphäre begründete für zunehmend größere Bevölkerungsgruppen die typisch moderne polarische Aufspaltung des Lebens in ein versachlichtes, durchrationalisiertes öffentlich-berufliches Tätigkeitsfeld und einen – im wahrsten Wortsinne – „ver-heim-lichten", „privaten", auf umfassenden, nicht eingegrenzten, emotionalisierten und intimen Sozialbeziehungen beruhenden familialen Bereich – jenen Dualismus der Lebensformen, der in der familienwirtschaftlichen Einheit des vorindustriellen „ganzen Hauses" noch gar nicht entstehen konnte.

Im folgenden einige sozial- und geistesgeschichtliche Hinweise zu Auswirkungen des sich im 19. Jahrhundert entfaltenden Dualismus zwischen familialer und beruflich-öffentlicher Sphäre. Zunächst begründete dieser Dualismus eine *Neuorganisation geschlechtsspezifischer Arbeitsteilung:* Der außerhäuslichen Arbeit des bürgerlichen Mannes, der seine ganze Kraft in der beruflichen Tätigkeit einzusetzen hatte, ging die Bindung der Frau ans Haus parallel, ihre Inanspruchnahme durch die Familie als ein der öffentlichen Sphäre entzogenes „Reservat" (vgl. Hausen 1980, 165ff.). Dabei sollte erwähnt werden, daß im Laufe des 19. Jahrhunderts im mittleren und höheren Bürgertum die Entlastung der Frauen von schwerer körperlicher Hausarbeit fortschritt, wodurch die Frauen sich stärker auf die Kindererziehung und die Herstellung eines befriedigenden emotionalen Klimas spezialisieren konnten. Diese Entlastung hatte eine ihrer Ursachen in einer für das mittlere und höhere Bürgertum des 19. Jahrhunderts typischen Institution: dem Dienstmädchen (vgl. Nipperdey 1983, 123ff.). Das „Dienstmädchen" war sozusagen die bürgerliche Entsprechung der Magd im bäuerlichen „ganzen Haus", und ein mittlerer und gehobener Bürgerhaushalt in der zweiten Hälfte des 19. Jahrhunderts war ohne Dienstmädchen ganz undenkbar. Nach der Jahrhundertwende ging dann die Zeit des „Dienstmädchens" im Bürgerhaushalt – und zwar auch aufgrund der nunmehr stärker einsetzenden Haushaltstechnisierung – langsam zu Ende, das Dienstmädchen als Institution hält sich dann nach dem Ersten Weltkrieg nur noch in relativ wenigen Haushalten, um nach dem Zweiten Weltkrieg zur völligen Bedeutungslosigkeit abzusinken.

Die Neuorganisation geschlechtsspezifischer Arbeitsteilung im Durchsetzungsprozeß der bürgerlichen Familie im 19. Jahrhundert war begleitet von der Ausbreitung von *Geschlechterideologien* – ideologischen Konstruktionen des „Wesens" von Mann und Frau –, die zwar an frühere Geschlechterphilosophien anknüpften, zugleich aber auch neue Elemente enthielten (vgl. Hausen 1980). „Die Frau lebt, so die Meinung, nach innen gewandt, für andere, für die Familie, nicht in die Welt ausgreifend, ohne die <kalte> Rationalität des Mannes, ist naiv, nicht reflektiert. Innigkeit und Gemüt – das realisiert sie im Hause, und daraus folgen dann die Normen: häuslich, fleißig, reinlich und sanft, fügsam, nachgiebig, friedlich. ... In der Phase der Hochindustrialisierung entwickelt sich daraus die Gegensetzung von Lebenskampf und <trautem Heim>; die Rolle der Frau wird es, diese Kompensation gegenüber der Welt des Lebenskampfes zu leisten" (Nipperdey 1983, 119).

Wichtig ist, daß in der bürgerlichen Familie auch die *Erziehung* von Jungen und Mädchen an derartigen Geschlechterdefinitionen orientiert wurde. Die sog. „ABC"-Schule besuchten Jungen und Mädchen noch gemeinsam. Danach wurden die Jungen ganz im Sinne der von ihnen später erwarteten Außenorientierung auf Internate oder das Gymnasium geschickt (vgl. Rosenbaum 1982, 296ff.). Für Mädchen setzte die staatliche Institutionalierung des höheren Schulwesens erst Ende des 19. Jahrhunderts ein, und erst ab 1908 wurden Frauen offiziell zum Studium zugelassen. Das typische bürgerliche Mädchen im 19. Jahrhundert blieb bis zur Hochzeit im Haus. Hauslehrer, Gouvernanten und Klavierlehrer vermittelten ihm hier ihre Bildung, die im Gegensatz zur Ausbildung der Jungen als „sittliche Bildung" oder „Bildung des Herzens" aufgefaßt wurde. Dabei galt die Vermittlung naturwissenschaftlich-mathematischer Fähigkeiten als nicht „wesensgemäß", das Schwergewicht lag auf musischen Fertigkeiten, Sprachkenntnissen, Literatur und Geschichte.

Da bürgerliche Frauen aus dem Berufsfeld des Bürgertums weitgehend ausgeschlossen waren, gab es für sie kaum Möglichkeiten, außerhalb der Ehe ein angemessenes Auskommen zu finden. Weil außerdem unverheiratete Frauen nur geringes Ansehen genossen, herrschte gewissermaßen „Heiratszwang".

Auf eine weitere Auswirkung der geschlechtsspezifischen Sozialisation sei noch hingewiesen: Auf das relativ hohe Heiratsalter der Männer und die häufig große *Altersdifferenz* zwischen den Eheleuten. Dies resultierte aus der Tatsache, daß als Bedingung für die Ehe bei den Männern zumeist nicht nur eine abgeschlossene Ausbildung, sondern auch die Präsentation beruflichen Erfolgs angesehen wurde. Erst im Laufe des 20. Jahrhunderts kam es im Bürgertum zu einer deutlichen Reduktion der Altersdifferenz der Ehepartner. Motiv für die Eheschließung im Bürgertum war keineswegs allein „Liebe", wie es das Ehe- und Familienideal im 18. Jahrhundert postuliert hatte. Dazu traten meistens Erwägungen finanzieller Art, eine Synthese sozusagen aus Gefühl und Kalkül entstand, die euphemistisch in den weit verbreiteten Ausdruck gekleidet wurde, eine Eheschließung müsse auf „vernünftiger Liebe" beruhen (vgl. Rosenbaum 1982, 285ff.). Eine „vernünftige Liebe" freilich schloß die Heirat „nach unten" – mit Bewerbern aus einer niederen Schicht – fast immer aus. Vom schichtüberwindenden Charakter, den das ursprüngliche Ideal der „Liebesheirat" implizierte, konnte in der bürgerlichen Heiratspraxis keine Rede sein, das Bürgertum praktizierte weitgehend Schichtenendogamie, die nur aufgelockert wurde durch die Heiraten bürgerlicher Mädchen mit Adligen, die im Wilhelminischen Bürgertum ein besonderes Prestige genossen.

Es ist interessant zu verfolgen, wie sich im 19. Jahrhundert das auf polarischer Entgegensetzung zur Bersufssphäre errichtete Familienleitbild in einer *entsprechenden Struktur des bürgerlichen Wohnraums* (hierzu Selle 1981, 55ff.) verobjektivierte. Ein kurzer Hinweis: Im Wilhelminischen Deutschland bewohnte eine durchschnittliche Familie des höheren städtischen Bürgertums eine große fünf bis acht Zimmerwohnung, in welcher die einzelnen Räume bezeichnenderweise nur über den Korridor erreichbar waren, wodurch sich das früher übliche Durchgehen durch die anderen Räume erübrigte – die Familienmitglieder bekommen auch räumlich Privatheit zugebilligt. Natürlich blieben die Schlaf- und Kinderzimmer fremden Blikken verschlossen, und der größte und hellste Raum diente als Repräsentationsraum – als Salon; dazu kamen dann oftmals noch den beiden Eheleuten zugewiesene Privaträume (bekannt ist das sog. Herrenzimmer). Die Zimmer für das Dienstpersonal waren räumlich aus der Wohnsphäre der Kernfamilie ausgegliedert, das Dienstpersonal wurde in separaten Mansardenzimmern untergebracht.

3. Zum Dualismus von Familie und Berufssystem

Im Vorhergehenden habe ich einige Entstehungslinien der bürgerlichen Familie im 19. Jahrhundert skizziert. Dabei wurde öfter der Gedanke angedeutet, daß das sich hier herausbildende Familienmodell auf Konstruktionsprinzipien beruht, die denjenigen des öffentlich-beruflichen Systems polar entgegengesetzt sind. Ich will diesen Gedanken im folgenden ausführen. Dabei beziehe ich mich keineswegs nur auf die Vergangenheit – den Entstehungsprozeß moderner Familienstrukturen-, sondern ich benenne einige Grundmuster, die bis in die Gegenwart konstitutiv geblieben sind. Den Dualismus von Familien- und Berufssphäre, den Theodor Geiger als „Sondermerkmal neuzeitlichen Daseins" (Geiger 1960, 47) bezeichnet hat, verdeutlichen ganz einfache Überlegungen: Familiale Sozialverhältnisse und die Arbeit, die hier geleistet wird, sind – im Gegensatz zur Berufssphäre – nicht vertraglich festgelegt. Kein Vertrag bindet die Eheparner bezüglich der Arbeitszeit, der Verteilung häuslicher Pflichten oder der Entlohnung. Das impliziert: Die Beziehungen im Familiensystem sind nicht abgegrenzt, nicht unpersönlich, sie umfassen die „ganze Person", und sie beruhen auf dem Ideal umfassender wechselseitiger Solidarität, das einen Gegenpol zum Konkurrenz- und Leistungsprinzip im beruflichen Bereich bildet. „Der Vertragsförmigkeit der Beziehungen (im Berufssystem) steht die kollektive Gemeinschaftlichkeit von Ehe und Familie gegenüber. Individuelle Konkurrenz und Mobilität, die für den Produktionsbereich gefordert werden, treffen in der Familie auf die Gegenforderung: Aufopferung für den anderen, Aufgehen in dem Gemeinschaftsprojekt Familie. Kurz: Familie und marktabhängige Produktion beruhen auf gegensätzlichen Organisationsprinzipien und Werten, die sich ergänzen, bedingen und widersprechen" (Beck 1986, 178). Gut läßt sich an der unterschiedlichen Beschaffenheit von „Arbeit" (vgl. zum folgenden Ostner 1978) der Dualismus von Familie und Berufssystem illustrieren: Berufsarbeit ist *bezahlte* Arbeit, die auf einem – in separierten Ausbildungsgängen erworbenen – *Spezialwissen* beruht, und sie ist Bestandteil eines arbeitsteiligen Prozesses, der zumeist an Prinzipien einer Zeit- und Kostenökonomie ausgerichtet ist. Hausarbeit kann sozusagen als negatives Korrelat dieser Grundmerkmale begriffen werden: Sie beruht nicht auf einem – in eigens dafür geschaffenen Ausbildungsgängen erworbenen – spezialisierten Wissen, sondern wird unmittelbar durch Anschauung und Mithilfe erlernt. Sie ist kein Bestandteil eines arbeitsteiligen, in Stufen unterschiedlicher Komplexität und Wichtigkeit zerlegten Prozesses, sondern ihre Arbeitsgänge bilden ein – von ihrem Anfang bis zum Ende – überblickbares, konkretes Ganzes. Und sie läßt sich gerade in ihren wichtigsten Teilbereichen nicht auf der Basis zeitökonomischer Kriterien organisieren: Man stelle sich vor, die Pflege und Ernährung von Kleinkindern würde an den Maßstäben der die Berufsarbeit bestimmenden Zeit- und Kostenökonomie orientiert.

Soweit einige Hinweise zum Dualismus von Berufs- und Familiensystem. Natürlich bedeutet dieser Dualismus nicht, daß es zwischen Familie und Berufssystem keine Verbindungen gibt. Tatsächlich ist die Familie in zweierlei Hinsicht eine Grundvoraussetzung für das Funktionieren des beruflichen Systems. Erstens ist die Familie die wichtigste Stätte zur Regeneration der Arbeitskraft, das heißt: Unbezahlte Hausarbeit ist Voraussetzung und Komplement der Berufsarbeit; eine „marktfremde" Institution, die Familie, sichert das Funktionieren des marktwirtschaftlichen Systems. Und zweitens sollte folgendes nicht vergessen werden: In der Familie wird nicht nur bereits ins Berufssystem integrierte Arbeitskraft regeneriert, sondern die Familie ist nach wie vor die wichtigste Erzeugungsstätte zukünftiger Arbeitskraft. Es ist eine der ganz selbstverständlich scheinenden, nur selten hinterfragten Voraussetzungen für das ökonomische System, daß in der Familie Kinder in die Welt gesetzt, versorgt und erzogen werden (vgl. Meillassoux 1976). Kurz: Die Reproduktion des marktwirtschaftlichen Systems hängt an einer Institution, deren Konstruktionsprinzipien denjenigen dieses Systems entgegengesetzt sind. Die ökonomische Relevanz der Familie wird deutlich, wenn man sich vorzustellen versucht, was es hieße, wenn auch die Regeneration bestehender und die Bereitstellung zukünftiger Arbeitskraft nach marktwirtschaftlichen Prinzipien geregelt würde.

4. Die traditionelle Industriegesellschaft als geschlechtsständische Ordnung

Wir führten aus, daß im Industrialisierungsprozeß die funktionale und örtliche Trennung zwischen Familie und Berufsarbeit zum gesellschaftlichen „Normalfall" wurde, wobei der Typus der „bürgerlichen" Kernfamilie sich als Leitbild in tendenziell allen sozialen Schichten durchsetzte. Damit verbreiteten sich auch „bürgerliche" Formen geschlechtsspezifischer Arbeitsteilung und der Definition der Geschlechterrollen; der Gegensatz von Beruf und Familie bildete eine Geschlechterrollenpolarität, die noch bis in die sechziger Jahre unseres Jahrhunderts als „natürliche" Basis weiblicher und männlicher Lebensentwürfe angesehen wurde. Das Berufs- und Familiensystem, das sich in der Industrialisierung herausbildete, beruhte auf dieser schematischen Entgegensetzung der Geschlechterrollen, der „halbierten Vermarktung menschlichen Arbeitsvermögens" (Beck 1986, 174), und deshalb ist Becks Auffassung berechtigt, daß die traditionelle Industriegesellschaft, die gemeinhin der Ständegesellschaft entgegengesetzt wird, tatsächlich eine neuartige ständische, nämlich geschlechtsständische Ordnung hervorbrachte: „(Die entstehenden) Lagen von Männern und Frauen (beruhen) auf Zuweisungen qua Geburt. Sie sind insofern der seltsame Zwitter „moderner Stände". Mit ihnen wird eine industriegesellschaftliche Ständehierarchie in der Moderne etabliert" (Beck 1986, 177). Die traditionelle Industriegesellschaft war als Nur-Industriegesellschaft nicht möglich, sondern nur „als halb Industrie-, halb Ständegesellschaft, deren ständische Seite kein traditionales Relikt, sondern industriegesellschaftliches Produkt und Fundament ist, eingebaut in die institutionelle Schematik von Arbeit und Leben" (Beck 1986, 179); und wenn man die Prinzipien marktförmiger Vergesellschaftung als Inbegriff der gesellschaftlichen Moderne begreift, dann war die traditionale Industriegesellschaft eine – auf der Linie der Geschlechterdifferenz – halbierte Moderne. Die zunehmende Überwindung dieser Halbierung, das heißt die Einbindung verheirateter Frauen und Mütter in die Schematik arbeitsmarktförmiger Existenzführung begann ab den sechziger Jahren dieses Jahrhunderts, und damit wurden zwangsläufig die Muster der herkömmlichen Kernfamilie – ihre Familienmoral, ihre Geschlechtsschicksale, ihre Tabus von Ehe, Elternschaft und Sexualität – brüchig. Das Individualitätsprinzip wurde jetzt immer stärker auch zur Leitlinie weiblicher Lebensentwürfe, und in Zukunft wird sich die Gesellschaft noch deutlicher in Richtung auf ein System entwickeln, dessen „Idealtypus" eine „vollmobile Single-Gesellschaft" (vgl. Beck 1986, 199) darstellt.

X. Industrialisierung und neuartige Schichtstrukturen

Mit der Industrialisierung im 19. Jahrhundert entwickelten sich neue Formen und ein neues System der sozialen Ungleichheit, deren Erforschung zum zentralen Gegenstand der in dieser Epoche sich konstituierenden Gesellschaftswissenschaften wurde. In den Gesellschaftstheorien des 19. und des frühen 20. Jahrhunderts wurde dieser Umwandlungsprozeß der Sozialstruktur auf der Basis sehr unterschiedlicher Prämissen, Beobachtungen und Prognosen gedeutet, aber die Grundterminologie der meisten Theoretiker ist doch bemerkenswert ähnlich: Fast alle verwenden für die Kennzeichnung der Sozialstruktur der Industriegesellschaft den Klassenbegriff, der der vorindustriellen „Ständeordnung" gegenübergestellt wird.

Wir wollen in diesem Kapitel Grundannahmen und Modelle skizzieren, mit denen bedeutende Sozialtheoretiker in der Epoche der Industrialisierung einen analytischen Zugang zur Sozialstruktur der Industriegesellschaft suchten. Zuvor aber sollen einige Hinweise zum Begriff der „sozialen Schicht", dem in der Gegenwartssoziologie dominanten Begriff zur Deutung von Strukturen sozialer Ungleichheit, gegeben werden. Dabei soll der Schichtbegriff so gefaßt werden, daß er dem Klassen- und Ständebegriff übergeordnet werden kann und es möglich wird, „Klasse" und „Stand" als unterschiedliche Formen von Schichtungsverhältnissen zu bestimmen.

1. Begriffliche Vorüberlegungen: „Schicht", „Stand", „Klasse"

Der Begriff „soziale Schicht" wird in der Literatur in sehr unterschiedlicher Bedeutung (vgl. Hradil 1987, 72ff.) – und dabei häufig in Opposition zum Klassenbegriff – gebraucht. Es scheint aber möglich, ihn so aus dem Begriff des „Status" abzuleiten, daß Klassenverhältnisse als eine spezifische Ausprägung von Schichtung begriffen werden können. Beginnen wir mit einer Definition Theodor Geigers: „Jede Schicht besteht aus vielen Personen (Familien), die irgendein erkennbares Merkmal gemein haben und als Träger dieses Merkmals einen gewissen Status in der Gesellschaft und im Verhältnis zu anderen Schichten einnehmen. Der Begriff des Status umfaßt Lebensstandard, Chancen und Risiken, Glücksmöglichkeiten, aber auch Privilegien und Diskriminationen, Rang und öffentliches Ansehen (...). Schichtung heißt also Gliederung der Gesellschaft nach dem typischen Status (den Soziallagen) ihrer Mitglieder ..." (Geiger 1962, 186). Ein derartiger Schichtbegriff ist freilich noch recht unbestimmt. Eine Präzisierung ergibt sich, wenn man aus der Vielzahl möglicher partieller Statuslagen die in einer Gesellschaft für soziale Ungleichheit besonders relevanten isoliert und dann deren Kombination zur Basis der Bestimmung des „Gesellschaftsstatus" der Personen macht. Es liegt auf der Hand, daß in unserer Gesellschaft insbesondere drei partielle Statuslagen für den Gesellschaftsstatus zentral sind – der Berufs-, Einkommens- und Ausbildungsstatus –, während in der vorindustriellen Gesellschaft der Abstammungsstatus sehr weitgehend den gesamten Gesellschaftsstatus einer Person bestimmte. Da der „Gesellschaftsstatus" als aus mehreren, ungleichheitsrelevanten Statusdimensionen zusammengesetzt gedacht wird, können sich in ihm entweder mehrere ähnlich zu bewertende partielle Statuslagen bündeln (Statuskonsistenz), oder es kann – wie es für die Gegenwartsgesellschaft immer charakteristischer zu werden scheint – zu verschiedenen Versionen von Mischungen ungleicher Statusdimensionen (Statusinkonsistenz) kommen.

Ausgehend von diesen Überlegungen ist eine Konturierung des Begriffs der sozialen Schicht möglich, den wir – wie wir explizit hervorheben – keineswegs nur im Sinne einer Zuordnung von Menschen zu einzelnen statistisch-klassifikatorischen Kategorien verwenden wollen. Er soll vielmehr ein Konstrukt bezeichnen, das Ähnlichkeiten der sozialen Situation von Menschen, durch die sie sich realiter mit einigermaßen sinnfälliger Eindeutigkeit von anderen Menschengruppen unterscheiden, „auf den Begriff bringt" (vgl. Beck 1986, 139f.). Wenn der Schichtbegriff aber eine gewisse Adäquanz zu Verhältnissen der sozialen Wirklichkeit aufweisen soll, dann unterstellen wir, daß zumindest einige der folgenden Bedingungen erfüllt sein müssen. Wir unterstellen zunächst – und dies können wir als „harten Kern" des Schichtbegriffs auffassen – eine gewisse Konsistenz der Grunddimensionen des „Gesellschaftsstatus" bei einer Vielheit von Menschen. Für die Gegenwartsgesellschaft z.B. setzt die Verwendung des Schichtbegriffs den Aufweis voraus, daß sich bei vielen Personen ein ähnlich bewerteter Berufs-, Einkommens- und Ausbildungsstatus bündelt.

Da unser Schichtbegriff nicht nur einer nominalen Unterscheidung von Sozialkategorien dienen soll, sondern auf eine Beschreibung von Strukturen der sozialen Wirklichkeit zielt – auf die Beschreibung deutlich erkennbarer Abstufungen der Lebenslage sozialer Gruppierungen –, setzt seine Verwendung – außer der Annahme einer gewissen Konsistenz des Gesellschaftsstatus einer Vielheit von Personen – auch den Aufweis von gewissen Auf- und Abstiegsbarrieren zwischen signifikant verschiedenen Statuslagen voraus. Je geringer in einer Gesellschaft die inter- und intragenerationale Mobilität zwischen den für den Gesellschaftsstatus wesentlichen Statuslagen ist, desto ausgeprägter ist ihre Schichtstruktur. Hohe Mobilitätsbarrieren machen auch die Entstehung schichtspezifischer Mentalitäten wahrscheinlich, eine Verfestigung ähnlicher Sozialerfahrungen zu Gesellschaftsbildern und Lebensstilmustern, in denen sich Menschen in „Wir-Bildern" gegen „die Anderen" absetzen. Damit – mit der Einführung von „Mentalität" in das Schichtkonzept – bekommt der Schichtbegriff einen Bezug auf „subjektive Faktoren" und zugleich eine „kausale Dimension". Denn es wird ja nunmehr ein Einfluß objektiver Soziallagen auf Handlungs- und Denkmuster unterstellt, ein „kausaler Nexus", der auch – über „schichtspezifische Sozialisationsstile" – zur Stabilisierung intergenerationaler Beziehungen beitragen kann.

Besonders förderlich für die Herausbildung schichtspezifischer Mentalitäten und Lebensstile ist es natürlich, wenn die

Angehörigen ähnlicher Statuslagen zugleich örtlich zusammengefaßt sind: Wir-Identitäten und ähnliche Lebensstile sind ganz wesentlich auch das Produkt „schichtspezifischer“ Wohngebiete.

Wir haben bis jetzt einige der üblicherweise im Schichtbegriff unterstellten Komponenten isoliert und miteinander verbunden, und nach diesen Vorbemerkungen leuchten die zwei folgenden Hinweise unmittelbar ein: Wenn – wie in der Gesellschaft der Gegenwart – die Statusinkonsistenz immer mehr zunimmt, wenn Mobilitätsbarrieren kleiner werden und Mentalitätsunterschiede immer weniger auf Unterschiede „objektiver“ Art zurückgeführt werden können, dann wird die Anwendbarkeit des Schichtbegriffs prekär. Zweitens aber ist deutlich geworden, daß der Schichtbegriff keineswegs in Opposition zum Klassen- oder Standesbegriff zu stehen braucht. Wir haben ihn hier als einen Oberbegriff entwickelt, der sich unschwer mit Hilfe des Klassen- oder Standesbegriffs spezifizieren läßt – Schichtstrukturen können die Form einer Klassengliederung oder einer Standesordnung aufweisen. Die folgenden Hinweise mögen dies illustrieren.

Die vorindustrielle *Ständeordnung* war ein Gefüge strikt voneinander abgegrenzter, hierarchisch aufgebauter Schichten, denen die Personen qua ihres Abstammungsstatus zugeordnet wurden. Der Geburtsstatus war die zentrale Statuslage, die die anderen Statuslagen im wesentlichen determinierte. Intra- und intergenerationale Mobilitätsprozesse zwischen den Ständen waren kaum möglich, und auch der durch detaillierte Standesregeln vorgegebene Lebensstil der einzelnen Stände, in dem sich eine spezifische „Standesehre“ (Max Weber) äußerte, unterschied sich auf sinnfällige Weise. Standessymbole und ritualisierte Verhaltensmuster machten die Standeszugehörigkeit jeder Person unzweideutig erkenntlich: Die Kleidung, eventuell die Bewaffnung, der Platz in der Kirche oder im Prozessionszug usw. waren eindrückliche Erkennungszeichen der sozialen Identität der Person. Mit der Industrialisierung entwickelte sich ein fundamentaler Wandlungsprozeß der Determinanten und Formen der Schichtstruktur. Nunmehr wurde „die Gesellschaft“ mehr und mehr als ein autonomer, sich selbst regulierender Systemzusammenhang erkennbar, dessen inhärente Gesetzmäßigkeiten eine primär ökonomisch bestimmte Schichtordnung hervorbrachten und reproduzierten.

Zur Charakterisierung dieser neuartigen Schichtstruktur wurde zunehmend der Klassenbegriff verwendet, und die sich konstituierenden Gesellschaftswissenschaften begriffen die Erkenntnis der unpersönlichen, „rein-gesellschaftlichen“ Determinanten sozialer Klassengliederung als ihre Hauptaufgabe.

Im folgenden werde ich einige der einflußreich gewordenen Klassenstrukturmodelle der frühen Gesellschaftswissenschaft skizzieren. Zunächst soll aber in einem kleinen Exkurs reflektiert werden, wieso erst durch die sozialen Wandlungsprozesse der Industrialisierung „Gesellschaft“ als ein autonomer Gegenstandsbereich einer neuartigen wissenschaftlichen Disziplin hervortreten konnte.

Exkurs: Zur Konstitution des Gesellschaftsbegriffs in der Ära der Industrialisierung

Die fundamentale Transformation der sozialen Ordnung während der Industrialisierung war die Grundbedingung für die Konzeption eines spezifisch modernen Gesellschaftsbegriffs, einer Auffassung von „Gesellschaft“ als eines unpersönlichen, sich kraft eigener „Gesetze“ relativ autonom entwickelnden Systemzusammenhangs. In den vorindustriellen Gesellschaftsordnungen dominierten andere Gesellschaftsbilder, die eine Gesellschaftswissenschaft in unserem Sinn noch nicht möglich machten. Die Gesellschaft erschien hier eher als eine von den Absichten übermächtiger Einzelner – eines Gottes oder Königs – planvoll auf bestimmte Ziele hin gesteuerte Ordnung, und damit mußte auch eine Wissenschaft von der Gesellschaft wie ein Nebenzweig der Theologie oder eine Chronik dynastischen Handelns erscheinen. Erst mit der Industrialisierung wandelten sich die gesamtgesellschaftlichen Figurationen in einer Weise, die „Gesellschaft“ zunehmend als einen autonomen, relativ ungesteuerten, sich selbst regulierenden Funktionszusammenhang eigener Art zu denken erforderte. Norbert Elias (1970, 69ff.) hat vor allem drei solcher Wandlungen hervorgehoben:

1. Die Verringerung der Machtdifferentiale zwischen Regierenden und Regierten. Während in der vorindustriellen Gesellschaft der Zugang zur Besetzung der Regierungspositionen auf

kleine dynastisch-aristokratische Elitegruppen beschränkt war, veränderte die Industrialisierung die gesellschaftlichen Interdependenzzusammenhänge in einer Weise, daß keine soziale Gruppe lediglich passives Objekt der Herrschaftsausübung anderer blieb. Institutioneller Ausdruck dieser Verringerung der Machtdifferentiale war vor allem die stufenweise Ausbreitung des Wahlrechts und die Entstehung miteinander konkurrierender Massenparteien.

2. Die Veränderung der Machtgewichte zwischen Regierenden und Regierten ist natürlich nicht abgelöst vom Prozeß der Verkleinerung des Machtgefälles zwischen verschiedenen sozialen Schichten während der Industrialisierung. Unzweifelhaft war die Machtdifferentiale zwischen adeligen Grundbesitzern und abhängigen Bauern in der vorindustriellen Gesellschaft weit größer als der Machtunterschied zwischen industriellen Unternehmern und Arbeitern, deren wachsendes Machtpotential die immer intensivere Kooperation zwischen Gewerkschaften und Unternehmerverbändern widerspiegelte.

3. Dritte wesentliche Grundbedingung für die Konzeption eines modernen Gesellschaftsbegriffs war natürlich die Differenzierung und Verlängerung gesellschaftlicher Interdependenzketten im Zuge der Ausdehnung und Intensivierung industriell bedingter Marktbeziehungen, der enorme Zuwachs wechselseitiger Abhängigkeiten und Kontrollen, der es immer unrealistischer erscheinen ließ, gesellschaftliche Entwicklungen als Produkt planvollen Handelns mächtiger Einzelpersonen zu deuten.

Der erste Gesellschaftstheoretiker, der im bewußten Bezug auf die sozialen Wandlungsprozesse der Industrialisierung einen spezifisch modernen Gesellschaftsbegriff konzipierte, war Lorenz von Stein. Stein ist für uns aber vor allem deshalb wichtig, weil er den Klassenbegriff zu einem konstitutiven Element des Gesellschaftsbegriffs erhob und damit eine genuin soziologische Denkweise über die Ursachen und Formen sozialer Ungleichheit begründete.

2. Lorenz von Steins Gesellschafts- und Klassenbegriff

Lorenz von Steins Werk „Die Geschichte der sozialen Bewegung Frankreichs von 1789 bis auf unsere Tage“ (3 Bde., 1959) kann als erster systematischer Versuch begriffen werden, mittels des *Klassenbegriffs* die neuen Schichtstrukturen der industriekapitalistischen Gesellschaft in ihren Grundmerkmalen und Ursachen zu analysieren. Im Zentrum von Steins Theorie der sozialen Ungleichheit steht der Gesellschaftsbegriff, und darin äußert sich eine ganz neuartige Sichtweise. Denn fast alle bisherigen neuzeitlichen sozialphilosophischen Konzeptionen über die Ursachen sozialer Ungleichheit hatten einen anderen Bezugspunkt, nämlich den Staat; soziale Ungleichheit und Unfreiheit leiteten sie aus Strukturmerkmalen politischer Herrschaftssysteme ab. Ein derartiges Denkmuster war bis zur Sozialphilosophie der Aufklärung (Kant) bestimmend, und erst ab der französischen Revolution und der ersten Industrialisierungsphase bahnte sich eine theoretische Kehrtwendung an, die schließlich bei Lorenz von Stein ihren klar reflektierten Ausdruck fand. Bei Stein wird nicht nur „Gesellschaft“ als eine eigenständige Sphäre vom Staat unterschieden, sondern zugleich wird die Konstruktion des Gesellschaftssystems als dominanter Bestimmungsgrund von Ungleichheit und Unfreiheit begriffen. Dies neuartige theoretische Paradigma findet sich bei Stein in einem Satz zusammengefaßt, und es ist nicht übertrieben zu sagen, daß dieser Satz die Geburtsstunde der Soziologie bezeichnet: Nicht der Staat, sondern die Gesellschaft sei „Quell aller Freiheit und Unfreiheit“.

Ich gebe zunächst einen kurzen Hinweis auf Steins Gesellschaftsbegriff: Jede Gesellschaft (vgl. Stein 1959, Bd. I, 40ff.) wird von Stein als System wechselseitiger, aber ungleichgewichtiger Abhängigkeiten von Bevölkerungsgruppen begriffen, dessen zentrale Achse der Besitz bzw. Nichtbesitz von Produktionsmitteln sei. Jeder Gesellschaft sei eine Machtstruktur inhärent, die auf ungleicher Verteilung von Produktionsmitteln beruht und einen grundlegenden Interessenkonflikt reflektiert: das Interesse der Besitzenden an der Erhaltung und Vergrößerung ihres Besitzes und das Interesse der Nichtbesitzenden an der Überwindung ihrer untergeordneten Situation im System der Abhängigkeiten. Durch Besitz bzw. Nichtbesitz an Produktionsmitteln und einem damit korrespondierenden Interessenantagonismus sei jede Gesellschaft in verschiedene Klassen gespalten, und das Gegeneinander der Klasseninteressen sei das bewegende Prinzip der Gesellschaftsentwicklung. Die Macht- und Schichtstruktur von Gesellschaften bekommt nun – so Stein – eine unterschiedliche Ausformung, je nach der Besonderheit gesellschaftlich dominanter Besitzarten (Grundbesitz, Kapitalbesitz etc.). Gleichermaßen bedingt die dominante Besitzart eine je unterschiedliche Konfiguration von Interessen und Interessengegensätzen.

In einem nächsten Schritt behandelt Stein die Beziehungen zwischen Gesellschafts- und politischem System. Sein Grundgedanke: Der Staat ist keine ungreifbare metaphysische Instanz, sondern ein System verschiedener Institutionen, das von denselben Menschen gebildet wird, die in der Gesellschaft in einer über den Besitz vermittelten Machtbeziehung leben, und es ist evident, daß das antagonistische System der Interessen in den Staat hinein getragen wird. Dies führt regelmäßig dazu, daß die in der Gesellschaft qua Besitz herrschende Klasse ihre Herrschaftsstellung in das staatliche System hinein verlängert und damit ihre ökonomisch bedingte soziale Machtstellung zu einer politischen ausweitet. Stein skizziert einige typische Stufen einer derartigen Ausweitung: Wird etwa durch das Recht die gesellschaftliche Stellung der Nachkommen an den Gesellschaftsstatus ihrer Herkunftsfamilie gebunden, so ist der politische Verfestigungsgrad gesellschaftlicher Herrschaft besonders groß – die gesellschaftliche Klassengliederung erscheint im Gewande einer ständischen Gliederung. Eine Versteinerung des gesellschaftlichen Klassensystems tritt ein, wenn das die Klassengliederung fixierende Recht als göttlichen Ursprungs gilt. „Soll daher die Herrschaft der herrschenden Klasse gegen jeden menschlichen Willen gesichert sein, so muß sie auf ein Element zurückgeführt werden, was eben selber über den menschlichen Willen überhaupt erhaben ist“ (Stein 1959, Bd. 1, 60f.). Damit wird jeder Versuch „des Einzelnen, die Unterschiede der Gesellschaft zu zerbrechen, zu einem Verbrechen gegen die Gottheit ... Die gesellschaftlichen Unterschiede, im Namen der Gottheit und ihres Rechts gesetzt, sind geheiligt, und diese geheiligten Klassen sind die Kasten“ (Stein 1959, Bd. 1, 60f.).

Mit diesem Gedanken hat Stein natürlich erst Elemente von Sozialstrukturen vorindustrieller Gesellschaften angesprochen. In derartigen Gesellschaften – so sein Zentralgedanke – sei ökonomische Ungleichheit immer auch rechtlich-politisch fixiert worden. Nur deshalb habe auch die Illusion entstehen können, staatliche Herrschaftsausübung sei Ursache sozialer Ungleichheit und Unfreiheit. Die Überwindung dieser Fehldeutung sei erst in der bürgerlich-industriellen Gesellschaft möglich geworden. Erst durch die Verwirklichung der Prinzipien der Rechtsgleichheit und Vertragsfreiheit habe sich die Gesellschaft als autonome Sphäre konstituieren können, in welcher die Klassengliederung in ihrer sozusagen nackten Form – auf der alleinigen Grundlage des Besitzes/Nichtbesitzes an Produktionsmitteln – hervortrete. Dieser Gedanke wird von Stein folgendermaßen ausgeführt: Die für die bürgerlich-industrielle Gesellschaft charakteristische Besitzart ist das in Fabriken zum Zweck seiner Vermehrung investierte Kapital, und der Besitz bzw. Nichtbesitz dieser Kapitalform konstituiert das dominante Klassenverhältnis der Industriegesellschaft, den Interessenantagonismus zwischen Kapitalbesitzerklasse und „Proletariat“. Für Stein verkörpert das Proletariat eine historisch neuartige Form von Unfreiheit, wobei er grundsätzlich unter Unfreiheit eine systemstrukturell bedingte Unmöglichkeit versteht, durch eigene Anstrengung eine Position der Unterordnung zu verlassen. In früheren Gesellschaften war Unfreiheit rechtlich festgeschrieben, während die Unfreiheit des Proletariats alleinige Folge der der industriellen Gesellschaft inhärenten ökonomischen Gesetze sei, die – wie Stein in einer Arbeitsmarkt- und Arbeitslohnanalyse zu demonstrieren versucht – den Arbeitern kein Aufrücken in die Besitzerklasse gestatten (vgl. Stein 1959, Bd. II, 64ff.). Zweites Grundcharakteristikum des Proletariats ist für Stein dessen beständige Gefährdung durch den Pauperismus, die absolute Verarmung – hier formuliert Stein unübersehbar eine der Grunderfahrungen der ersten Industrialisierungsphase. Erwähnenswert ist, daß Stein auch den Pauperismus nicht als Folge individueller Unzulänglichkeiten, sondern als Konsequenz der unpersönlichen Funktionsprinzipien der Industriegesellschaft begreift: „Wenn es nun Gründe gibt, die ... in den Verhältnissen der Industrie unabänderlich liegend, die Arbeitskraft des Arbeiters entweder ganz vernichten oder temporär unbeschäftigt lassen, so folgt, daß die Verarmung und die

Armut eine unvermeidliche Begleiterin der industriellen Gesellschaft und ein perennierendes Übel in dem industriellen Arbeiterstande sein wird" (Stein 1959, Bd. 2, 75). Drittes Grundcharakteristikum des Proletariats ist für Stein ein „subjektives Element", das enge Zusammengehörigkeitsgefühl dieser neuen Klasse, das freilich objektive Gründe hat: Es erwächst aus der Konzentration des Proletariats in den Fabriken und den Arbeitersiedlungen der neuen Industriestädte. Dadurch entsteht bei den Arbeitern ein Wissen um die prinzipielle Gleichheit ihrer sozialen Situation, entstehen Solidarisierungschancen und Möglichkeiten zur Bildung eigener Organisationen. Die bisher aufgeführten Merkmale – systembedingte Unfreiheit, systembedingte Armut und systembedingte Solidarisierung – sind für Stein freilich noch keineswegs hinreichende Charakteristika dieser neuen Klasse. Stein entwickelt noch einen zusätzlichen Bestimmungsgrund, mit dem er Marx' Differenzierung zwischen der „Klasse an sich" und der „Klasse für sich" vorwegnimmt. Dieses Merkmal erläutert er folgendermaßen: In allen Gesellschaften gab es Not, Armut und Unterdrückung, aber nur in Europa hat sich ein Menschenbild entwickelt, das einen Anspruch auf Gleichheit und Freiheit formuliert (vgl. Stein 1959, Bd. II, 87ff.). Auf der Basis dieses Anspruchs kämpft die Industriearbeiterklasse um eine Verbesserung ihrer sozialen Lage, und aus eben diesem Anspruch nährt sich ihr spezifisches Selbstbewußtsein: Das Proletariat, das sich als Schöpfer der ökonomischen Werte wisse, begreife seine soziale Lage als illegitimen Widerspruch zum okzidentalen Freiheits- und Gleichheitsanspruch, und es sei dieser Anspruch, der seinem Kampf das Ziel weist. Stein ist übrigens der Überzeugung, daß dieser Kampf Erfolge zeitigen wird. Da eine Durchsetzung des allgemeinen und gleichen Wahlrechts nicht aufzuhalten sei, würden soziale Forderungen des Proletariats mehr und mehr politisch aufgegriffen und verwirklicht werden. Stein hat bereits in der Ära der Frühindustrialisierung die Errichtung eines Sozialstaats moderner Prägung gefordert und prophezeit. Nur dadurch könne der die industrielle Gesellschaft spaltende Klassenantagonismus gemildert und „aufgehoben" werden (hierzu ausführlich Böckenförde 1976).

3. Karl Marx' Klassenbegriff

Marx' Klassenbegriff unterscheidet sich nicht wesentlich von demjenigen Steins. Die wichtigste Differenz liegt in Marx' Prognosen über die Entwicklung der Klassenverhältnisse, aber gerade in diesen Prognosen erweist sich, wie sehr Marx' Denken durch die Frühindustrialisierung und durch einen geschichtsphilosophischen Determinismus geprägt war. In der folgenden Skizze von Grundmerkmalen seines Klassenbegriffs soll dies zumindest angedeutet werden.

Der Gebrauch des Begriffs „Klasse“ bei Marx scheint zunächst widersprüchlich: Zum einen verwendet er den Begriff für nahezu alle historischen Epochen und Gesellschaftssysteme („Die Geschichte aller bisherigen Gesellschaften ist eine Geschichte von Klassenkämpfen“), andererseits aber soll er ein exklusives soziales Gliederungsprinzip der bürgerlich-kapitalistischen Gesellschaft bezeichnen: „Die politische Revolution des Bürgertums schaffte die Stände samt ihren Vorrechten ab. Die bürgerliche Gesellschaft kennt nur noch Klassen“ (MEW Bd 4, 91). Diese terminologische Inkonsistenz, das Lavieren zwischen einem unhistorischen und einem nur auf einen Gesellschaftstyp bezogenen Klassenbegriff, springt oft ins Auge, es verweist aber nicht auf einen theoretischen Bruch bei Marx, sondern läßt sich im Sinne seiner Grundannahmen folgendermaßen auflösen (zum folgenden vgl. Mauke 1970, 7-42): Klassenstrukturen sind für Marx rein ökonomisch bedingt, und sie werden möglich, sobald in Gesellschaften ein Mehrprodukt erwirtschaftet wird. Dann nämlich kann sich die Gesellschaft spalten in einen Teil, der das Mehrprodukt produziert und in einen anderen, der es aneignet und über seine Verwendung verfügt. Entscheidender Hebel für die Mehrwertaneignung und Klassenbildung ist die Verfügungsgewalt über die Produktionsmittel, und dies – das dichotomische Verhältnis zwischen einer Minderheit von Produktionsmittelbesitzern und einer Mehrheit von Nichtbesitzern – bezeichnet die Klassen-Grundstruktur fast aller bisherigen Gesellschaften. Bei Marx finden sich nun zwei Argumentationsbahnen, die diesen einfachen Gedanken ausführen und modifizieren. Zunächst sei darauf hingewiesen, daß Marx die reale Klassengliederung in Gesellschaften als vielfältig differenziert begreift: Im Vordergrund stehe ein dominantes Klassenverhältnis, das sich um die Achse des in einer Gesellschaft dominanten Typs von Eigentumsverhältnissen bilde, aber die beiden Hauptklassen brauchen keineswegs homogene Einheiten zu sein, sondern können sich ihrerseits in Untergruppen aufgliedern. Und außerdem gebe es zumeist Nebenklassenverhältnisse auf der Basis von Produktionsstrukturen, die in einer Gesellschaft noch nicht oder nicht mehr dominant sind (z.B. Vorformen des gewerblichen Produktionskapitalismus im Feudalismus oder feudalistische Grundeigentumsverhältnisse im Industriekapitalismus). Zweitens aber findet sich bei Marx oftmals der Gedanke, daß die gesellschaftlichen Klassenstrukturen – als rein ökonomisch bedingte Verhältnisse von Bevölkerungsgruppen – in vorkapitalistischen Gesellschaftstypen mit einer Vielzahl nichtökonomischer Faktoren (rechtlicher, religiöser, politischer Natur) verquickt gewesen seien, die die Klassengliederung verhüllt hätten, ihr eine ständische oder kastenmäßige Form verliehen hätten. In Erscheinung treten konnten Klassenverhältnisse erst in der bürgerlich-kapitalistischen Ära auf der Basis des Prinzips der Rechtsgleichheit; erst in dieser Gesellschaftsform wird die soziale Gliederung als rein ökonomisch bestimmte Struktur – nur vermittelt über den Besitz bzw. Nichtbesitz von Produktionsmitteln – erkenntlich und beschreibbar (vgl. Mauke 1970, 24f.).

Im folgenden skizziere ich Marx' Modell des dominanten Klassenverhältnisses im Industriekapitalismus.

Bereits in unseren einleitenden Hinweisen zur Verwendung des Klassenbegriffs bei Marx wurde eine gewisse Ähnlichkeit seiner Ausgangsüberlegungen mit denjenigen von Lorenz von Stein erkenntlich, und auch ihre beiden Modelle über das dominante Klassenverhältnis im Industriekapitalismus weisen wesentliche Parallelen auf. Beide führen nämlich aus, daß der Industriekapitalismus zur Ausbildung einer dichotomischen Klassenstruktur geführt habe, zur Entwicklung zweier gegensetzlicher Bündel von Statuslagen auf der Basis eines Grundkriteriums – des Besitzes bzw. Nichtbesitzes an Produktionsmitteln. Der wichtigste Unterschied zwischen beiden liegt in ihrer Prognose über die Zukunft des Klassensystems: Während von Stein – wie wir andeuteten – von der Reformierbarkeit der „industriellen Gesellschaft" überzeugt ist und die langfristige Abschwächung des Gegensatzes zwischen den beiden

Hauptklassen – unter anderem durch zunehmende sozialstaatliche Interventionen – vorhersagt, behauptet Marx eine bis zur revolutionären Systemüberwindung führende permanente Verschärfung des Klassenantagonismus. Diese Prognose versucht Marx im „Kapital" zwar „wissenschaftlich" zu begründen; es läßt sich aber aufzeigen, daß sie letztlich nur als Produkt eines geschichtsphilosophischen Schemas begriffen werden kann, an dem Marx über alle Phasen seines Denkens hinweg, gegen die Evidenz der Empirie, festgehalten hat – eines geschichtsphilosophischen Schemas, das seinerseits eine säkularisierte Variante religiös-messianischer Heilserwartung darstellt (ausführlich hierzu Pohlmann 1995, 23ff.).

Die Klassentheorie von Marx ist trotz ihrer wissenschaftlichen Ableitungen im Kern eine Sozialreligion, und sie findet hier vor allem deswegen Erwähnung, weil sie zur geschichtsmächtigsten Sozialreligion der Industrialisierung wurde. Ich skizziere im folgenden nur die drei wichtigsten Einzelthesen, aus denen sich Marx' Auffassung über die unaufhaltsame Verwandlung der industriekapitalistischen Gesellschaft in ein – sich schließlich durch eine Revolution „selbstüberwindendes" – antagonistisches Zwei-Lager-System zusammensetzt: die Proletarisierungsthese, die Dequalifizierungsthese und Verelendungsthese. Auf die Darstellung des geschichtsphilosophischen Schemas, das diese Thesen speist, und auf die genaue Diskussion ihres argumentativen Begründungszusammenhangs muß ich hier verzichten (vgl. Pohlmann 1995, 23ff.).

1. *Zur Proletarisierungsthese.* Daß der industriekapitalistischen Entwicklung ein Mechanismus zur Proletarisierung „fast aller" Gesellschaftsmitglieder inhärent sei, ist eine These, die bei Marx bereits im „Kommunistischen Manifest" an zentraler Stelle steht. Ausführlich begründet freilich wird sie erst im „Kapital", in den ökonomischen Analysen über die Monopolisierung und Zentralisation des Kapitals. Hier findet sich eine ausführliche und subtile Entfaltung des Gedankens, daß der kapitalistische Konkurrenzkampf unweigerlich zu einer Zusammenballung von immer mehr Kapital in immer wenigen Händen – und korrelativ dazu – zur „Proletarisierung" der Besitzer kleinerer Kapitalien führen müsse. Insbesondere dem „alten Mittelstand" – den Handwerkern und Kleinhändlern – prophezeit Marx einen unaufhaltsamen Abstieg in die Arbeiter-

klasse. Bereits zu Marx' Zeiten war freilich deutlich wahrnehmbar, daß als Folge großindustrieller Kapitalkonzentration nicht nur viele Handwerksberufe verschwinden, sondern auch viele neue entstehen. Daß die industrielle Entwicklung einen „alten" Mittelstand ganz neuartigen Gepräges erst ermöglichte, bleibt bei Marx unberücksichtigt – die Proletarisierungsthese beruht auf einer partiellen Empirieblindheit, die eine Folge der Schwerkraft geschichtsphilosophischer Denkmuster ist.

2. *Zur Dequalifizierungsthese.* Man findet bei Marx häufig die These, die industriekapitalistische Entwicklung bewirke eine zunehmende Angleichung der Qualifikationsniveaus innerhalb der Arbeiterklasse auf einer niedrigen Ebene, eine Dequalifizierung der Produzenten korrelativ zum technischen Fortschritt, aber diese These wird nirgends genauer begründet. Die einzigen industriesoziologischen Analysen im „Kapital" – im Kapitel „Die Fabrik" (MEW 23, 441ff.) – machen freilich deutlich, daß diese Thesen wesentlich aus der Wirklichkeit der frühindustriellen Phase abgeleitet werden, deren Hauptcharakteristika zur Zeit der Abfassung des „Kapital" bereits weitgehend verschwunden waren. Im „Kapital" beschreibt Marx vor allem die Dequalifizierung traditioneller handwerklicher Fähigkeiten, auf Entwicklungstrends der Qualifikation der Industriearbeiterschaft geht er aber kaum ein. Bezeichnend ist auch, daß Marx den Ansätzen eines „neuen Mittelstandes" der Angestellten, die mit der Entwicklung großbetrieblicher Strukturen schon zu seiner Zeit einhergingen, keine Aufmerksamkeit schenkt.

3. *Zur Verelendungsthese.* Im „Kommunistischen Manifest" hatte Marx unzweideutig eine „absolute Verelendung" des Proletariats prognostiziert, und es ist einleuchtend, daß diese Prognose seinem messianischen geschichtsphilosophischen Denkmuster am ehesten entsprach. In den späteren Schriften dagegen findet man ein oftmals widersprüchliches Lavieren zwischen einer „absoluten" und einer „relativen" Verelendungstheorie, das unübersehbar vom Versuch geprägt ist, die Verbesserungen der materiellen Situation der Arbeiterschaft so umzudeuten, daß sie seinen geschichtsphilosophischen Grundprämissen nicht widersprechen. An manchen Stellen, besonders in einer Passage, hält er aber auch – gegen die Evidenz der Empirie – an einer absoluten Verelendungstheorie fest. Ich zitiere

diese Passage auch deswegen, weil sich in ihr der Zusammenhang zwischen Marx' Klassen- und Revolutionstheorie und seinem messianischen geschichtsphilosophischen Grundmuster überdeutlich offenbart:

„Hand in Hand mit (der) Zentralisation oder der Expropriation vieler Kapitalisten durch wenige entwickelt sich die kooperative Form des Arbeitsprozesses auf stets wachsender Stufenleiter, die bewußte technische Anwendung der Wissenschaft ... Mit der beständig abnehmenden Zahl der Kapitalmagnaten, welche alle Vorteile dieses Umwandlungsprozesses usurpieren und monopolisieren, wächst die Masse des Elends, des Drucks, der Knechtschaft, der Entartung, der Ausbeutung, aber auch die Empörung der stets anschwellenden und durch den Mechanismus des kapitalistischen Produktionsverhältnisses selbst geschulten, vereinten und organisierten Arbeiterklasse. Das Kapitalmonopol wird zur Fessel der Produktionsweise, die mit und unter ihm aufgeblüht ist. Die Zentralisation der Produktionsmittel und die Vergesellschaftung der Arbeit erreichen einen Punkt, wo sie unverträglich werden mit ihrer kapitalistischen Hülle. Sie wird gesprengt. Die Stunde des kapitalistischen Privateigentums schlägt. Die Expropriateurs werden expropriiert" (MEW 23, 790f.).

4. Max Webers Klassenbegriff

Im Gegensatz zu Marx' Klassentheorie, in der sich sozialreligiöse Glaubensannahmen und wissenschaftliche Analyse merkwürdig vereinigen, sind Max Webers schichtsoziologische Überlegungen nicht theoretisch miteinander verknüpft. Sie bestehen eigentlich nur aus Vorschlägen zur begrifflichen Differenzierung, in denen sich Webers theoretische Annahmen über die Entwicklung der Industriegesellschaft allenfalls indirekt reflektieren. Außer diesen definitorisch-klassifikatorischen Ausführungen findet man in Webers Werk – in seinen politischen Schriften – auch gehaltvolle Hinweise zur Sozialstruktur des wilhelminischen Deutschland. Diese verdienen gerade deshalb Interesse, weil sie das enorme Gewicht „vorindustrieller" ständischer Prestigemuster in der Ära der deutschen Hochindustrialisierung demonstrieren. Im folgenden nur einige kurze Bemerkungen zu diesen beiden Ebenen.

1. Zunächst ist darauf hinzuweisen, daß Weber implizit die Anwendung des Klassenbegriffs auf Gesellschaften mit kapitalistischem Wirtschaftssystem beschränkt sehen möchte, denn als

Voraussetzung für seinen Gebrauch nennt er die Existenz eines Güter- und Arbeitsmarktes. Eine gewisse Ähnlichkeit mit Marx'schen Auffassungen bezeichnet auch, daß „Klassen" als „rein ökonomisch" bestimmte Gruppierungen (im Gegensatz zum „Stand" etwa) begriffen werden – als eine „Mehrzahl von Menschen", denen „eine spezifisch ursächliche Komponente ihrer Lebenschancen gemeinsam ist, soweit ... diese Komponente lediglich durch ökonomische Güterbesitz- und Erwerbsinteressen ... dargestellt wird ..." (Weber, WuG, 531). Auch die Unterscheidung von zwei Hauptklassen bei Weber – einer „Besitz-" und einer „Erwerbsklasse" – weist eine Parallele zur Marx'schen Dichotomie auf. Weber nimmt aber dann Differenzierungen vor, die in Marx' Modell fehlen. Zunächst unterscheidet er unterschiedliche „Klassenlagen" innerhalb der Besitz- und Erwerbsklasse, „je nach der Art des zum Erwerb verwertbaren Besitzes einerseits, der auf dem Markt anzubietenden Leistungen andererseits" (Weber, WuG, 177), womit alleine freilich noch nicht viel gewonnen ist: Die strenge Anwendung dieses Kriteriums würde zur Auflösung des Klassenbegriffs, seiner Verflüssigung in einer extrem differenzierten Analyse der Berufsstruktur führen. Deshalb bündelt Weber in einem zweiten Schritt verschiedene Klassenlagen mit Hilfe eines neuen Kriteriums, desjenigen der Mobilität, und zwar so, daß „benachbarte" Klassenlagen erkenntlich und zu einem übergeordneten Begriff der „sozialen Klasse" zusammengeschlossen werden können. „Soziale Klassen" seien die Gesamtheit derjenigen Klassenlagen, „zwischen denen ein Wechsel a) persönlich b) in der Generationenfolge leicht möglich ist und typisch stattzufinden pflegt" (Weber, WuG, 177). Typische Mobilitätsbarrieren intra- und intergenerationaler Art im Gesamtspektrum der Klassenlagen bezeichnen für Weber also die Grenzen sozialer Klassen, und anhand dieses einleuchtenden Kriteriums unterscheidet Weber für die Gesellschaft seiner Zeit im wesentlichen vier „soziale Klassen": die Arbeiterschaft, das Kleinbürgertum, die „besitzlose Intelligenz und Fachgeschultheit" sowie die „Klassen der Besitzenden und durch Bildung Privilegierten" (Weber, WuG, 169). Im Vergleich zu dem grob dichotomischen Modell von Marx, das nur einem Kriterium – dem Besitz oder Nichtbesitz von Produktionsmitteln – klassenbildende Relevanz zuspricht, berücksichtigt Weber in dieser Unterscheidung mehrere Kriterien, wobei er in seinem Werk oftmals betont, daß im Laufe der industriellen Entwicklung höhere Ausbildungs- und technische Qualifikationen einen immer stärker klassenbildenden Charakter bekommen hätten. In Webers Überlegungen findet m.a.W. das Aufkommen eines „neuen Mittelstandes" besondere Berücksichtigung, sodaß innerhalb der gesamten „Erwerbsklasse" zwei soziale Klassen – diejenige der manuellen Arbeiter und die durch intellektuelle Fachqualifikationen konstituierte Angestelltenschaft – unterschieden werden.

2. Max Weber ist weit davon entfernt, die Sozialstruktur moderner Gesellschaften ausschließlich mit Hilfe des „rein ökonomischen" Klassenbegriffs beschreiben zu wollen. Auch in entwickelten Industriegesellschaften fänden sich ständische Elemente – gemeinsame, nach außen abgrenzende Lebensstile auf der Basis einer spezifischen „sozialen Ehre" –, die nicht notwendigerweise Produkt gemeinsamer Klassenlagen zu sein brauchten. Weber hat dies in verschiedenen Aufsätzen zur Sozialstruktur des Wilhelminischen Deutschland aufgezeigt, und bei Norbert Elias findet man eine Weiterentwicklung seiner Gedanken. Dazu im folgenden einige Hinweise.

In der deutschen Hochindustrialisierung genoß keineswegs die ökonomisch mächtigste Klasse – die industriellen Unternehmer – das höchste Sozialprestige, sondern der preußische Adel, dieser besetzte auch die wichtigsten politischen Machtpositionen (zum folgenden ausführlich Elias 1989, 69-159). Es war eine merkwürdige historische Ungleichzeitigkeit, daß sich die bürgerlichen Schichten gerade in dieser Periode in ihrer Wertorientierung vor allem am Verhaltens- und Empfindungskatalog einer durch den „vorindustriellen" Abstammungsstatus konstituierten Gruppe ausrichteten, und es gibt ein Phänomen, an dem sich die Dominanz und der Vorbildcharakter dieser Gruppe besonders eindrücklich demonstrieren läßt: das Duell. Im Duell konstituierte die statushöchste Gruppe im Kaiserreich für sich eine Sondernorm, in der sie – das staatliche Gewaltmonopol mißachtend – das Recht beanspruchte, gewisse Zwistigkeiten innerhalb der eigenen Schicht durch einen hochritualisierten Gewaltakt auszutragen. Im Duell konzentrierten sich Grundmerkmale eines kriegeradeligen Ehrenkodex, und „Satisfaktionsfähigkeit" war eines der wichtigsten Zugehörigkeitskriterien zur statushöchsten Schicht. Welche Vorbildrolle

Wertmuster des Kriegeradels im wilhelminischen Deutschland für das Bürgertum hatten, zeigt sich besonders deutlich an gewissen Bräuchen und Riten, denen sich die zukünftige bürgerliche Elite während ihres Universitätsstudiums unterzog. Wer sich die Zugangschancen für höhere Positionen nicht verbauen wollte, kam nicht umhin, in eine schlagende Studentenverbindung einzutreten, in der kriegeradelige Wertmuster – in einer spezifischen Weise umgeformt – verhaltensprägend wurden. Für das Selbstverständnis dieser Studentenverbindungen war nämlich das Ritual der „Mensur", das eine bürgerliche Adaption des adligen Duells darstellte, von zentraler Bedeutung. In der Mensur holte sich der Nachwuchs des höheren Bürgertums den begehrten „Schmiß", ein unübersehbares Distinktionssymbol gegen die unteren Schichten und zugleich ein Zeichen des Wunsches, in die Oberschicht, den Kreis der Satisfaktionsfähigen, aufgenommen zu werden.

Die politische Machtstellung der preußischen Aristokratie und die Orientierung des Bürgertums an ihrem Wertekodex hat Max Weber in seinen politischen Schriften analysiert und als verhängnisvolle Fehlentwicklung kritisiert: „Die Erlangung ökonomischer Macht ist es zu allen Zeiten gewesen, welche bei einer Klasse die Vorstellung ihrer Anwartschaft auf die politische Leitung entstehen ließ. Gefährlich und auf die Dauer unerträglich ist es, wenn eine ökonomisch sinkende Klasse die politische Herrschaft in der Hand hält" (Weber, GPS, 19).

Literaturverzeichnis

Abel, W.: Massenarmut und Hungersnöte im vorindustriellen Europa, Göttingen 1972

Amery, C.: Das Ende der Vorsehung, Reinbek bei Hamburg 1974

Ariès, P.: Geschichte der Kindheit, München 1978

Babbage, Ch.: Über Maschinen und Fabrikwesen, Berlin 1833

Badinter, E.: Mutterliebe – Geschichte eines Gefühls vom 17. Jahrhundert bis heute, München 1981

Bahrdt, H.: Schlüsselbegriffe der Soziologie. Eine Einführung mit Lehrbeispielen, München 1987

Baruzzi, A.: Mensch und Maschine, München 1973

Beck, U.: Risikogesellschaft. Auf dem Weg in eine andere Moderne, Frankfurt/Main 1986

Bell, D.: Die nachindustrielle Gesellschaft, Frankfurt/Main/New York 1976

Bendix, R.: Max Weber. Das Werk, München 1964

Blumenberg, H.: Die Kopernikanische Wende, Frankfurt/Main 1985

Böckenförde, E. W.: Lorenz von Stein als Theoretiker der Bewegung von Staat und Gesellschaft zum Sozialstaat, in: ders.: Staat, Gesellschaft, Freiheit, Frankfurt/Main 1976

Bolte, K.M./Kappe, D./Schmid, J.: Bevölkerung. Statistik, Theorie, Geschichte und Politik des Bevölkerungsprozesses, Opladen [4]1980

Borkenau, F.: Der Übergang vom feudalen zum bürgerlichen Weltbild (1934), Darmstadt 1980

Braun, R.: Industrialisierung und Volksleben, Göttingen 1978

Braverman, H.: Die Arbeit im modernen Produktionsprozeß, Frankfurt/Main/New York 1977

Brunner, D.: Von ‚ganzen Haus‘ zur ‚Familie‘, in: Rosenbaum, H. (Hg.): Seminar: Familie und Gesellschaftsstruktur, Frankfurt/Main 1980

Bullock, A.: Hitler und Stalin. Parallele Leben, Berlin 1991

Chayanov, A.: The Theory of Peasant Economy, Homewood 1966

Dijksterhuis: Die Mechanisierung des Weltbildes, Berlin/Göttingen/Heidelberg (1950) 1956
Durant, W.: Die Kulturgeschichte der Menschheit, 42 Bde., Lausanne o.J.
Dux, G.: Religion, Geschichte und sozialer Wandel in Max Webers Religionssoziologie, in: Seyfarth, C./Sprondel, W. U. (Hg.): Seminar: Religion und gesellschaftliche Entwicklung, Frankfurt/Main 1973
Dux, G./Wenzel, U. (Hg.): Der Prozeß der Geistesgeschichte, Frankfurt/Main 1994
Eggebrecht, A. u.a.: Geschichte der Arbeit, Köln 1980
Elias, N.: Was ist Soziologie? Weinheim/München 1970
Elias, N.: Über den Prozeß der Zivilisation. Soziogenetische und psychogenetische Untersuchungen, 2 Bde., Frankfurt/Main 1978
Elias, N.: Die satisfaktionsfähige Gesellschaft, in: ders.: Studien über die Deutschen. Machtkämpfe und Habitusentwicklung im 19. und 20. Jahrhundert, Frankfurt/Main 1989
Engels, F.: Die Lage der arbeitenden Klasse in England, Stuttgart 1919
Flandrin, J.-C.: Familien. Soziologie – Ökonomie – Sexualität, Frankfurt/Main 1978
Foucault, M.: Überwachen und Strafen, Frankfurt/Main 1976
Frank, K. S.: Askese und Mönchtum in der alten Kirche, Darmstadt 1975
Fraser, D.: The Evolution of the British Welfare State. A History of Social Policy since the Industrial Revolution, London/Basingstoke 1973
Fraser, D.: Das Armengesetz und die Ursprünge des britischen Wohlfahrtsstaates, in: Mommsen, W. J./Nock, W. (Hg.): Die Entstehung des Wohlfahrtsstaates in Großbritannien und Deutschland, Stuttgart 1982
Frevert, K.: Frauengeschichte zwischen bürgerlicher Verbesserung und neuer Weiblichkeit, Frankfurt/Main 1986
Freyer, H.: Schwelle der Zeiten, Stuttgart 1965
Gehlen, A.: Die Seele im technischen Zeitalter, Hamburg 1957
Gehlen, A.: Anthropologische Forschung, Reinbek bei Hamburg 1961
Gehlen, A.: Urmensch und Spätkultur, Wiesbaden 1986
Geiger, T.: Die soziale Schichtung des deutschen Volkes (1932), Stuttgart 1967
Geiger, Th.: Die Gesellschaft zwischen Pathos und Nüchternheit, Aarhus 1960
Geiger, Th.: Theorie zur sozialen Schichtung, in: ders.: Arbeiten zur Soziologie, Neuwied-Berlin 1962
Geißler, R.: Die Sozialstruktur Deutschlands. Ein Studienbuch zur gesellschaftlichen Entwicklung im geteilten und vereinten Deutschland, Bonn 1992

Giedion, S.: Die Herrschaft der Mechanisierung, Frankfurt/Main 1982
Gloy, K.: Das Verständnis der Natur. Bd. 1: Die Geschichte des wissenschaftlichen Denkens, München 1995
Goody, J.: Die Entwicklung von Ehe und Familie in Europa, Frankfurt/Main 1986
Grossmann, H.: Die gesellschaftlichem Folgen der mechanischen Philosophie und die Manufaktur, in: Zeitschrift für Sozialforschung 4, 1935, S. 161-231
Hahlweg, W.: Die Heeresform der Orianer und die Antike, Berlin 1941
Hajnal, H.: European marriage patterns in Perspective, in: Glass, D.V./Eversley, D.E.C. (Hg.): Population in history, 1965
Hausen, K.: Die Polarisierung der Geschlechtscharaktere, in: Rosenbaum, H. (Hg.): Seminar: Familie und Gesellschaftsstruktur, Frankfurt/Main 1980
Haussherr, H.: Wirtschaftsgeschichte der Neuzeit, Weimar 1955
Helmer, H.-J.: Merkantilismus und Kapitalismus im modernen Rationalisierungsprozeß, Karlsruhe 1986
Henning, F.W.: Die Industrialisierung in Deutschland 1800-1914, Paderborn 1973
Hintze, O.: Staatsverfassung und Heeresverfassung, in: ders.: Regierung und Verwaltung. Gesammelte Abhandlungen zur Staats-, Rechts- und Sozialgeschichte Preußens, Göttingen 1967
Hobsbawm, E.J.: Industrie und Empire. Britische Wirtschaftsgeschichte seit 1750, 2 Bde., Frankfurt/Main 1979
Höhn, C.: Weltbevölkerung – Wachstum ohne Ende? in: Aus Politik und Zeitgeschichte B 35-36/1994 (Beilage zu ‚Das Parlament')
Hradil, S.: Sozialstrukturanalyse in einer fortgeschrittenen Gesellschaft, Opladen 1987
Hradil, S.: Die ‚objektive' und die ‚subjektive' Modernisierung. Der Wandel der westdeutschen Sozialstruktur und die Wiedervereinigung, in: Aus Politik und Zeitgeschichte 29-30/1992 (Beilage zu ‚Das Parlament')
Imhof, A. E.: Die verlorenen Welten, München 1984
Kolakowski, L.: Die Hauptströmungen des Marxismus. Bd. 3: Zerfall, München 1988
Kracauer, S.: Die Angestellten (1929), Frankfurt/Main 1971
Kriedte, P./Medick, H./Schlumbohm, J.: Industrialisierung vor der Industrialisierung, Göttingen 1978
Küstermeier, R.: Die Proletarisierung des Mittelstandes und die Verwirklichung des Sozialismus, in: Die Arbeit (Hg.: T. Leipart), Heft 10, Berlin 1931
Landes, P. S.: Der entfesselte Prometheus, Köln 1973
Le Play, F.: Les ouvriers des deux mondes, 4 Bände, Paris 1857-1862
Lederer, E.: Die Privatangestellten in der modernen Wirtschaftsentwicklung, Tübingen 1912

Lütge, F.: Das Zeitalter des Merkantilismus, in: Handwörterbuch der Sozialwissenschaft, Göttingen 1965
Mackenroth, G.: Grundzüge einer historisch-soziologischen Bevölkerungstheorie, in: Köllmann, W./Marschalck, P. (Hg.): Bevölkerungsgeschichte, Köln 1972
Mackensen, R./Wewer, H.: Dynamik der Bevölkerungsentwicklung, München 1973
Mannheim, K.: Mensch und Gesellschaft im Zeitalter des Umbaus, Darmstadt 1958
Marschalck, P.: Deutsche Überseewanderung im 19. Jahrhundert, Stuttgart 1973
Marschalck, P.: Bevölkerungsgeschichte Deutschlands im 19. und 20. Jahrhundert, Frankfurt/Main 1984
Marx, K.: Das Elend der Philosophie, in: MEW 4, S. 63-182
Marx, K.: Das Kapital Bd. I, MEW 23
v. Matt, P.: Liebesverrat, München/Wien 1989
Mauke, M.: Die Klassentheorie von Marx und Engels, Frankfurt/Main 1970
Meillassoux, C.: Die wilden Früchte der Frau, Frankfurt/Main 1976
Mitterauer, M./Schwab, R.: Artikel ‚Familie‘, in: Geschichtliche Grundbegriffe, Bd. 2, Stuttgart 1975
Mitterauer, M./Sieder, R.: Vom Patriarchat zur Partnerschaft. Zum Strukturwandel der Familie, München 1980
Mumford, L.: Mythos der Maschine, Frankfurt/Main 1977
Murdock, G.P.: Social structure, New York 1949
Nipperdey, Th.: Deutsche Geschichte 1800-1866. Bürgerwelt und starker Staat, München 1983
Östreich, G.: Soldatenethik, Heeresreform und Heeresgestaltung im Zeitalter des Absolutismus, in: Schicksalsfragen der Gegenwart. Handbuch der Politisch-Historischen Bildung, Bd. 1, Tübingen 1957, S. 295-321
Östreich, G.: Geist und Gestalt des frühmodernen Staates, Berlin 1969
Ostner, J.: Beruf und Hausarbeit, Frankfurt/Main 1978
Pohlmann, F.: Die Strukturtheorie des Kapitalismus bei Karl Marx, Rheinfelden 1987
Pohlmann, F.: Politische Herrschaftssysteme der Neuzeit. Absolutismus – Verfassungsstaat – Nationalsozialismus, Opladen 1988
Pohlmann, F.: Marxismus – Leninismus – Kommunismus – Faschismus. Aufsätze zur Ideologie und Herrschaftsstruktur der totalitären Diktaturen, Pfaffenweiler 1995
Popitz, H.: Phänomene der Macht, Tübingen 1992
Popitz, H.: Der Aufbruch zur artifiziellen Gesellschaft, Tübingen 1995
Rosenbaum, H.: Formen der Familie. Untersuchungen zum Zusammenhang von Familienverhältnissen, Sozialstruktur und sozialem

Wandel in der deutschen Gesellschaft des 19. Jahrhunderts, Frankfurt/Main 1982
Rostow, W.: Stadien wirtschaftlichen Wachstums, Göttingen 1960
Sambursky, S.: Das physikalische Weltbild der Antike, Zürich/Stuttgart 1965
Schäfer, H.: Ploetz Wirtschaftsgeschichte, Ploetz-Verlag 1989
Schäfers, B.: Sozialstruktur und Wandel der Bundesrepublik Deutschland, Stuttgart 1976
Schivelbusch, W.: Geschichte der Eisenbahnreise, München/Wien 1977
Schmid, J.: Einführung in die Bevölkerungssoziologie, Reinbek bei Hamburg 1976
Schmid, J.: Die wachsende Weltbevölkerung, in: Aus Politik und Zeitgeschichte B 35-36/1994 (Beilage zu ‚Das Parlament')
Schmoller, G.: Umrisse und Untersuchungen zur Verfassungs-, Verwaltungs- und Wirtschaftsgeschichte, Leipzig 1818
Schmoller, G.: Rezension zu Werner Sombart, Der moderne Kapitalismus, (1902), in: Jahrbuch für Gesetzgebung, Verwaltung und Volkswirtschaft 27 (1903), S. 297
Selle, G.: Kultur der Sinne und ästhetische Erziehung, Köln 1981
Seyfarth, C.: Protestantismus und gesellschaftliche Entwicklung: Zur Reformulierung eines Problems, in: Seyfarth, C./Sprondel, W. U.: Seminar: Religion und gesellschaftliche Entwicklung, Frankfurt/Main 1973
Shorter, E.: Die Geburt der modernen Familie, Reinbek bei Hamburg 1977
Sieferle, R.P.: Bevölkerungswachstum und Naturhaushalt, Frankfurt/Main 1990
Simmel, G.: Philosophie des Geldes, Berlin 1977
Smith, A.: Der Wohlstand der Nationen, München 1978 Sokoll, Th.: ‚Alte Armut', Unterstützungspraxis und Formen lebenszyklischer Armut unter dem Alten Armenrecht, 1780-1834, in: Weisbrach, B.: (Hg.): ‚Victorian Values'. Arm und Reich im viktorianischen England, Bochum 1988
Sombart, W.: Der moderne Kapitalismus, Bd. I. Die vorkapitalistische Wirtschaft, München/Leipzig 1916
Sombart, W.: Der moderne Kapitalismus, Bd. II. Das europäische Wirtschaftsleben im Zeitalter des Frühkapitalismus, München/ Leipzig 1916
Sombart, W.: Die Deutsche Volkswirtschaft im neunzehnten Jahrhundert, Berlin 1923
v. Stein, L.: Die Geschichte der sozialen Bewegung Frankreichs von 1798 bis auf unsere Tage, 3 Bde. (1850), Neudruck Darmstadt 1951
Taylor, F. W.: Die Grundsätze der wissenschaftlichen Betriebsführung (1913)

Teuteberg, H.-J.: Zur Frage des Wandels der deutschen Volksernährung durch die Industrialisierung, in: Koselleck, R.: Studien zum Beginn der modernen Welt, Stuttgart 1977

Thompson, E.P.: Zeit, Arbeitsdisziplin und Industriekapitalismus, in: ders.: Plebeische Kultur und moralische Ökonomie, Frankfurt/ Main 1980

Toqueville, A.: Der alte Staat und die Revolution, Bremen o.J. Treiber, H./Steinert, H.: Die Fabrikation des zuverlässigen Menschen, München 1980

v. Trotha, T.: Zum Wandel der Familie, in: KZfSS, 42. Jg. 1990, S. 452-473 l

Ullrich, O.: Technik und Herrschaft, Frankfurt/Main 1979

Victor, U.: Verbürgerlichung des Proletariats und Proletarisierung des Mittelstandes, in: Die Arbeit (Hg. T. Leipart), Heft 1, 1931

Weber, M.: Gesammelte Politische Schriften (GPS), Tübingen 1958

Weber, M.: Wirtschaftsgeschichte (WG), Berlin 1958

Weber, M.: Wirtschaft und Gesellschaft (WuG). Studienausgabe (Hg.: J. Winckelmann), Tübingen 1972

Weber, M.: Gesammelte Aufsätze zur Religionssoziologie (GAzRS I, II, III), Hamburg 1973

Weber, M.: Die Protestantische Ethik und der Geist des Kapitalismus (PE), Hamburg 1973

Weber-Kellermann, I.: Die deutsche Familie. Versuch einer Sozialgeschichte, Frankfurt/Main 1974

Zilsel, E.: Die sozialen Ursprünge der neuzeitlichen Wissenschaft, Frankfurt/Main 1976

Über den Verfasser

Friedrich Pohlmann, geb. 1950 in Bielefeld. Nach dem Abitur Studium der Musik, Soziologie, Geschichte und Philosophie in Hannover und Freiburg. 1975 Magisterexamen mit einer Arbeit über Max Weber, 1979 Promotion mit einer Arbeit über Georg Simmel. 1979-1984 wiss. Mitarbeiter am Institut für Soziologie der Universität Freiburg. 1985-1988 Habilitationsstipendiat der DFG, 1988-1990 wieder wiss. Mitarbeiter in Freiburg, 1990 Habilitation, seitdem Hochschuldozent in Freiburg. Buchveröffentlichungen: Die Strukturtheorie des Kapitalismus bei Karl Marx (1987). Georg Simmel zwischen Karl Marx und Max Weber (1987). Politische Herrschaftssysteme der Neuzeit (1988). Ideologie und Terror im Nationalsozialismus (1992). Marxismus – Leninismus – Kommunismus – Faschismus (1995). Ideologie, Herrschaftsorganisation und Terror im Nationalsozialismus (1995). Herausgeber der Schriftenreihe ‚Freiburger Arbeiten zur Soziologie der Diktatur'.